Diogenes Taschenbuch 21040

de
te
be

Hugo Loetscher

Wunderwelt

Eine brasilianische Begegnung

Diogenes

Der Autor dankt der Stiftung Pro Helvetia,
die für dieses Buch ein Werkjahr gewährte
Die Erstausgabe erschien 1979
im Luchterhand Verlag, Darmstadt
Umschlagfoto von
Willy Spiller

www.diogenes.ch
10/10/8/8
ISBN 978 3 257 21040 8

Der Sarg liegt zu flach.« Der Photograph hebt den Kopf vom Guckloch, die Rechte für einen Augenblick noch trommelnd auf der Holzkamera. Er macht ein paar Schritte auf die Gruppe zu, brüsk hält er inne und bückt sich, zieht einen Stein über das Pflaster und schiebt ihn unter den Sarg. Das Sargkistchen, an den Randstein gelehnt und nun hinten aufgebockt, hält das Gleichgewicht nicht. Da packt der Photograph den einen Buben am Arm: »Halt den Fuß darunter. Aber schön still. Alle müssen stillhalten. Auch der Sarg.«

Der Photograph lehnt sich schräg zurück und kneift die Augen zusammen. Er neigt sich zum Sarg, langt hinein und büschelt den Strauß nach unten: »Jetzt sieht man wenigstens, was sie in den Händen hält.« Er drapiert den Stoff um die Schultern und legt eine Falte neu; nachdem er den Kranz gegen die Stirn festgedrückt hat, netzt er einen Finger und streicht dem toten Kind die Brauen glatt.

Dann macht er einen Bogen um die Gruppe und stellt eine Korbflasche beiseite, für einen Moment nachdenklich verweilend. Alle verfolgen, wie er einen Kübel mit Wasser hochhebt, ihn kurz in der Hand hält und an der gleichen Stelle absetzt. Er kauert sich nieder, stemmt eine Flasche hoch und schüttet sich einen Schluck in den Mund; noch in der Hocke, wischt er sich den Mund und beobachtet lauernd die Gruppe.

Als er zur Kamera zurückkehrt, entdeckt er, wie ein

junger Mann durch das Guckloch schaut: »Nichts gesehen? Es hat vorn einen Deckel drauf.« Der andere verschiebt gemächlich seinen Kaugummi: »Der Apparat hat kein schwarzes Tuch.« Da verwirft der Photograph die Arme und schüttelt sie wie in einem Anfall; er wendet sich mit ausholender Geste an ein Publikum, das den leeren Platz füllen könnte, aber er sagt kein Wort.

Der Photograph bezieht hinter der Kamera Stellung und stützt das Kinn auf. Plötzlich umklammert er das Stativ, trägt es mit gespreizten Beinen nach vorn und macht ein paar Ausfallschritte zur Seite; er setzt das Dreibein mit einem Ruck aufs Pflaster und zieht mit einer Hand eine Linie durch die Luft zum Sarg: »Es müssen ein paar nach rechts. Nach rechts, habe ich gesagt. Von euch aus nach links.«

Die Mädchen schubsen sich und wechseln ihre Plätze, sich drängelnd und zurechtweisend. Nur der eine Junge bleibt unbeweglich und schaut geradeaus; er stützt mit einem Fuß den Sarg, die Arme auf der Brust quer ineinandergelegt.

»Wir sind noch nicht vollzählig«, ruft ein Mädchen und zeigt in die Richtung, wo der Platz in eine breite Straße übergeht. Von dort nähert sich ein Mann; er hört für einen Augenblick auf, die nacke Brust unterm offenen Hemd zu kratzen, und weist mit dem Daumen über die Schulter. Hinter ihm zwei Frauen, hagere Figuren mit dürren Gesichtern.

Der Photograph hebt ein längliches Bündel hoch und versperrt dem Mann den Weg. Er drückt ihm die eine Querleiste in die Hand, hält die andere selber fest; rückwärts gehend rollt er das Segeltuch ein Stück weit auf. Die Frauen haben den Mann eingeholt und beugen sich über das Tuch. »Schön«, sagt die eine, »sehr schön.« Der Photograph weist mit offener Hand darauf: »Sie sind eben gemalt, die Palmen.«

Der Mann fährt den eingerissenen Rand des Tuches ab. Der Photograph beschwichtigt: das Ausgefranste sehe man nachher nicht. Er bittet die eine Frau, das Bündel zu halten. Von der Hausmauer holt er einen Bilderrahmen, wo unterm Glas verschiedene Photos aufgeklebt sind: »So sieht es nachher aus. Wir hängen den Hintergrund an die Hauswand.«

Was ein Hintergrund koste, fragt der Vater, und der Photograph meint, sie würden sich schon einig werden; aber der Mann will den Preis vorher wissen. Der Photograph zeigt auf die Kamera, den Rahmen unter die Achsel geklemmt: Und dann ist Sonntag, weit und breit kein anderer Photograph, das Kind wird wohl rasch begraben werden müssen, bei der Hitze; er wischt sich mit dem Handrücken den Schweiß von der Stirn: Die wollen doch alle auch drauf, die schon dastehen, für achtzehn Cruzeiros sei es zu richten.

Das ist zuviel, fällt die Mutter ein, ob schade oder nicht, sie hätten nie mehr als zehn Cruzeiros bezahlt. »Wann denn schon«, fragt der Photograph, »wohl früher«, und fügt bei: »Aber ohne Hintergrund.« Er rollt die Leinwand zusammen; der Vater hilft ihm das Tuch glätten: Ob man nicht die andere Seite des Platzes als Hintergrund nehmen könne. »Die mit dem Hotel und dem Restaurant? Willst du im Rücken all die Reklame-Schilder? Das wäre es gewesen. Da ist Himmel drauf.«

Der Photograph legt das eingerollte Bündel auf den Boden und lehnt den Bilderrahmen daran. Dann greift er mit beiden Händen in die Luft: »Das Licht, mein Lieber, das Licht.« Seine Hände formen einen breiten Trichter, der zunehmend dünner wird; sie weisen dem eingesammelten Licht den Weg und richten den Strahl auf das tote Kind: »Technik, mein Freund. Siehst du, wie der Sarg an dieser Stelle saubere Schatten wirft?«

Wie die Frauen vor dem Sarg stehen, sagt die eine: »Ein Engel, ein wahrhaftiger Engel.« Da beginnt das älteste der Mädchen zu weinen, ohne den Kopf zu senken, die Arme hängen lassend, die Lider zusammengepreßt, unter denen es hervorläuft. »Nicht jetzt«, die kleine Schwester stupft sie mit dem Ellenbogen in den Bauch, so daß die andere zusammenzuckt. Die eine Frau reicht dem weinenden Mädchen ein Paar Plastiksandalen. »Von wem, Tante?«, will eines der Kleineren wissen. »Zieh sie an«, drängt die Frau, »für die Photographie. Trag Sorge dazu.«

Der Photograph krempelt die Ärmel hoch. Als er sich zufällig umschaut, entdeckt er den Fremden, der weiter zurücksteht. Er begrüßt ihn als möglichen Kunden und deutet mit einer schrägen Kopfbewegung auf die Gruppe: Es wird nicht lange dauern. Dann schaut er entschlossen über die Kamera hinweg: Die beiden kleineren Mädchen sollen sich auf den Randstein setzen. Neben den Sarg. Nicht so dicht. Noch etwas abrücken. Nicht auf den Sarg schauen. Hierher schauen.

»Hier kommt das Vögelchen heraus«, schaltet sich der Gaffer von vorher ein und pfeift. Ein dunkelhäutiger Junge, der sich herangeschlichen hatte, lacht; er erschrickt ob seinem Lachen und läuft davon, bleibt stehen und dreht sich langsam um, den Kopf gesenkt, er kreuzt die Arme über dem aufgedunsenen Bauch, von dem das Gummiband seiner Hose gerutscht ist.

Der Vater stellt sich hinter den Sarg und stößt dabei an

einen seiner Söhne, so daß der Sarg sich auf die Seite neigt. Während der Vater verdutzt zum Sargkistchen schaut, redet der Junge auf ihn ein. Da pufft sich der Vater einen Weg durch die Gruppe und geht zum Laden an der Ecke. Als er wieder auftaucht, hält er eine Blechschachtel in den Händen. Hinter ihm der Ladenbesitzer, der mit einem Messer und einer Tabakrolle gestikuliert. Der Vater fordert den Jungen auf, den Stein beiseite zu schieben und den Sarg zu halten; er stellt die Schachtel auf den Boden. Der Mann und der Bub heben den Kopfteil des Sarges darauf, rücken ihn zurecht und prüfen, ob das Kistchen hält. »Vorsicht«, ruft der Ladenbesitzer, »meine Kekse.«

Der Vater kauert sich nieder und streicht die Papierstreifen glatt, die um das Sargkistchen genagelt sind, Fransen um Fransen kämmt er mit den Fingern und gibt dem Jungen ein Zeichen, das gleiche auf der Gegenseite und vorn am Sarg zu machen.

Wie der Photograph den Deckel von der Optik wegnimmt, ruft der Junge: »Eine Fliege. Eine Fliege auf Fatima!« Alle Köpfe drängen sich nach vorn. »Es ist gar nicht wahr«, mault eines der Mädchen, das neben dem Sarg sitzt. »Sie ist weg«, ruft der Junge und zeigt nach oben. Alle suchen in der Luft nach einer Fliege. Doch der Photograph: »Wenn ihr's verwackelt wollt – bitte sehr. Ihr bezahlt pro Aufnahme.«

»Ruhe«, herrscht der Vater die Seinen an. Der eine Bub räuspert sich, dann räuspert sich auch der zweite und spuckt an den andern vorbei aufs Pflaster. Ein Mädchen rückt zur Seite: »Damit man dich auch sieht.« Aber sie wolle gar nicht drauf, wehrt die Tante ab. »Klar kommst du drauf«, bestimmt der Vater.

Die Frau fährt sich rasch durchs Haar und steckt es mit

einer Nadel fest. Sie sagt zum Mädchen, das geweint hat: »Dein Dreckgesicht.« Das Mädchen wischt sich Kinn und Wangen an der Achsel ab. Die Mutter will dem Mann das Hemd zuknöpfen, aber der Mann stößt ihre Hand weg und schiebt seinen Hut in den Nacken.

Der Photograph stellt sich neben die Kamera. Er wirft einen Kontrollblick zum Himmel, der schwer behangen ist. Dann schraubt er den Deckel los, drückt den Auslöser und zählt langsam mit Pausen in den leeren Platz hinein: »Eins und zwei und drei.« Wie er den Deckel wieder draufschraubt, ruft er: »Fertig.«

Aber die Gruppe löst sich nicht auf. Selbst das bißchen Wind in den dünnen Kleidern der Mädchen und in den Papierfransen des Sarges hält still. Alle starren am Sarg vorbei. Kein Unterschied zwischen denen, die sich um das Sargkistchen gruppieren, und dem Kind, das unbeweglich darin liegt: auf dem Kopf ein weißer Kranz, die Hände auf der Brust gefaltet, ein Kleid, das bis zu den Füßen reicht. Stumm und reglos auch die, die leben.

Ich war von Fortaleza herübergekommen; es hätte gereicht, noch am selben Tag mit dem Rumpelbus zurückzukehren, aber ich blieb für eine Nacht, weiß der Teufel warum.

Ich war der einzige Fremde, der aus dem Bus kletterte. Und die, welche warteten, daß Fremde ankamen, sperrten die Mäuler auf, als ein Ausländer ausstieg; selbst den Trägern und Schleppern verschlug es für einen Moment die Stimme, ehe sie losbrüllten.

Um die Jahreszeit hatten sie keine Fremden erwartet, und wenn sie dennoch an der Busstation standen und an den Mauern klebten, dann einmal, weil auch die andern dort herumstanden. Zudem hielt man sich hier nie vergebens auf, noch immer war ein Bus angekommen, und wenn nicht, war ein Unglück geschehen und somit was Neues. Aber was war das schon für ein Fremder; er schwang kaum eine richtige Reisetasche in der Hand, dafür brauchte er weiß Gott keinen Träger. Da waren die Weiber noch ergiebiger mit ihren Einkaufskörben und Plastiksäcken; sie klammerten sich dran, als ob es Kinder oder Hühner wären, die davonlaufen könnten.

Der Fremde tat, als wisse er genau, was er vorhabe. Er steuerte drauflos, bog in eine Straße ein, die sich wie eine Hauptstraße ausnahm; er kam auch prompt auf den Platz vor der Kirche des heiligen Francisco; dort befand sich ein Hotel, ein einstöckiger Bau, der sich Grande-Hotel nannte.

Als der Fremde durch den Vorhang mit den farbigen Glasperlen eingetreten war, räusperte er sich und hustete. Er drückte sich durch einen schmalen Gang an einem Storch vorbei, in dessen Rücken eine Vase mit Strohblumen eingelassen war. Er stieß zu einem Raum vor, der ein paar Stufen tiefer lag; mit den Salzfäßchen und den Zahnstochern auf den Tischen wohl der Eßraum. In der einen Ecke war bis oben eine Grotte aufgebaut, in welcher eine Madonna erschien; die Steine mit Silberbronze bestrichen. Davor ein Fernsehapparat, züchtig in ein buntes Tuch eingepackt.

Die eine Seite des Raumes war abgetrennt, hinter einem Vorhang zwei Waschbecken und auf dem Sims ein Spiegel. Der Bursche, der hervorkam, rieb sich die Hände an den Hosen trocken. Er nickte, ehe der Fremde gefragt hatte, ob ein Zimmer frei sei; er langte nach einem Schlüsselbrett und ging voraus, ein paar gekachelte Stufen hinauf, welche die Brücke zu einer Balustrade bildeten. Als sie oben auf der Außentreppe waren, deutete der Bursche in eine Ecke unten im Innenhof, dort lägen die Duschen und die Toiletten; aber das hätte der andere auch gemerkt, unter keiner andern Tür sickerte es sonst hervor.

Der Bursche hatte unterwegs nach Laken gelangt und schmiß sie auf das Bett. Er machte Zeichen, daß später jemand komme, um das Ganze herzurichten. Dann probierte er an der Tür den Schlüssel und zeigte, wie man einen Fuß dagegenstemmt, um sie zu schließen. Aber er ließ die Türe offen, klemmte einen Keil darunter und empfahl den Luftzug.

In dem fensterlosen Zimmer stand neben dem Bettgestell mit einer zerschlissenen Matratze noch ein Stuhl. In einer Ecke ein Eisenständer mit kunstvoll verkrümmten

Ornamenten: darin auf drei Etagen eine Waschschüssel, ein Krug und ein Nachttopf. So etwas hatte der Fremde schon lange nicht mehr gesehen; er klopfte an den Nachttopf, um zu hören, wie es tönt. Email, leicht lädiert.

Dafür war quer durchs Zimmer eine Hängematte gespannt. Er legte sich hinein, um sie auszuprobieren, und schaukelte sich in einen leichten Schlaf. Unten krähte ein Hahn, ganz für sich allein, und was weiter entfernt jammerte, mußte ein Esel sein. Bis eine Glocke bimmelte, mit hartnäckiger Frömmigkeit. Die schienen drüben in der Kirche auf ihn zu warten.

Er öffnete die Augen. Die Trennwände reichten nicht bis zur Decke; sie waren getüncht, zwei dicke Nägel, um Kleider daran zu hängen. Oben sah man in den nackten Gitterrost, auf dem die Ziegel geschichtet waren; von dort baumelte an einer elektrischen Schnur eine Birne. Da kletterte er aus der Hängematte; er war schließlich gekommen, um den Saal der Wunder aufzusuchen.

Er suchte den Saal der Wunder zunächst in der Kirche. Dort stand nur der heilige Francisco, der seine Wundmale dem Himmel zeigte. Ein Bettler wollte dem Fremden für einen Cruzeiro die Hand küssen. Ein Pfeil wies nach außen. Der Fremde überquerte den Zwischenhof und kam zu einem Nebengebäude, das so gebaut war, daß man es jederzeit erweitern konnte. Die Rolläden waren hochgezogen.

Hinter dem Verkaufstisch der Sakristan, der auf seinem Stuhl von Zeit zu Zeit schnaubte, in einem anscheinend nicht so gottergebenen Traum. Die Heiligenstatuen auf den Tischen wiesen dem Schläfer ihre Rücken aus Gips. Nichts war zu hören außer dem Flattern der farbigen Bänder, die an den Stäben des Ventilators festgebunden waren.

Den Besucher interessierte zunächst ein Fußball und ein Fußballer-Leibchen; er fragte sich, warum die nicht den Pokal aufstellten. Dann ging er langsam und aufmerksam die Photographien durch. Er hob kurz eines der mannshohen Kreuze, die an einer Wand lehnten; das Gewicht war recht beachtlich, wenn man so ein Ding durch die Gegend schleppte, und das erst noch auf den Knien und bei der Temperatur.

Als er auf einem Sims ein Fläschchen entdeckte, entzifferte er mühsam, daß einer die Steine zeigte, welche man ihm aus dem Magen operiert hatte. Aber was in dem Glas daneben lag, daraus wurde er nicht klug. Das sah aus wie ein Gehirn in Spiritus, aber er nahm nicht an, daß einer sein Gehirn dagelassen hatte, obwohl er sich vorstellen konnte, daß man sich geheilt fühlt, wenn man sein Hirn losgeworden ist.

Als er hinaus wollte, deutete der Sakristan auf sein Angebot. Der Fremde trat an den Verkaufstisch und hob die Brauen vor den Rosenkränzen und Amuletten. Er langte nach einer Broschüre; darin war die Geschichte des heiligen Francisco als Photo-Roman erzählt, und daneben ein Heftchen, darin wurde die gleiche Geschichte in Comic strips geboten.

So stand der Fremde recht bald wieder draußen und begutachtete die Fassade der Kirche, die sich eine Basilika der Tropen nannte: ob die Lämpchen über dem Umfassungsgitter am Abend angezündet würden? Als er die Lautsprecher an den Bogenlampen sah, nickte er: Die scheinen keinen Aufwand zu scheuen; das kann schön laut werden, hoffentlich nicht in der Nacht.

Er beschloß um die Kirche herumzugehen. Auf der Rückseite stieg er eine Freitreppe hinunter zu einem Unterbau, vor dem Körbe standen, frisch im Geruch und frisch in der Farbe. Er schaute in die Kellerräume, darin hockten ein paar auf dem Boden und flochten. Als er an die Tür stieß, hob der älteste der Flechtenden den Kopf und sah in Richtung des Geräusches, aber an dem Fremden vorbei. Im Untergeschoß vom Saal der Wunder flochten ein paar Blinde Körbe.

Nun vertrat er die Füße und fragte sich, was denn das für ein Bau sei, mitten auf dem Platz hinter dem Saal der Wunder. Es war eine öffentliche Bedürfnisanstalt. In großen Lettern war der Name des Mäzens und das Datum der Einweihung darauf gemalt. Er suchte gleich den Eingang für »Männer« und war zufrieden, etwas Nützliches angetroffen zu haben.

Als er zur kleinen Umfassungsmauer bummelte, stellte er fest, daß dahinter so etwas wie ein Bach floß. Da fiel ihm auf, wie an einer Stelle weiter unten in beiden Richtungen querdurch Leute wateten. Dort wollte er hin; er schlenderte ein paar Hausfronten entlang und staunte, wie viele Häuser es gab, die sich Hotels nannten, Pilgerunterkünfte. Er kam zu einer Steilstraße, die direkt ins Wasser führte; eine Brücke schien nie geplant gewesen zu sein; die ließen von Anfang an weg, was doch einmal einstürzen würde. Auf der Gegenseite die Fortsetzung der Straße, steiler und nicht so breit angelegt.

Der Fremde sah zu, wie einige die Hosen hochkrempelten, bevor sie von der Straße ins Wasser gingen; andere machten sich diese Mühe schon gar nicht und schritten unbekümmert drauflos, geradeaus, als ob der Fluß keine Löcher hätte. Andere wiederum streiften die Schuhe ab und ließen sie über die Schulter baumeln; die meisten waren barfuß. Mädchen schürzten ihre Röcke, und eine, die hob ihren nicht nur wegen des Wassers.

Wenn schon so viele auf die andere Seite gingen, mußte dort vielleicht etwas los sein. Der Fremde entdeckte flußabwärts eine Brücke, etwas abgerückt vom Zentrum. Von der Brücke öffnete sich der Blick: in eine Serra hinein, wo keine Wege hinzuführen schienen, wellige Hügel ohne eine markante Form. Bestimmend nur die Basilika; auf einer Anhöhe dahinter, schlanker und spitzer, eine andere Kirche, mehr Fingerzeig als Bau. Davor eine helle Umfassungsmauer, über ihr, gedrängt, Türmchen mit Kreuzen, das mußte der Friedhof sein.

Auf der anderen Seite des Flusses hockte er sich auf einen Betonklotz, nachdem er drei Straßen abgelaufen hatte. Von seinem Sitz aus beobachtete er, ob die Buben, die unten fischten, etwas fingen; einer versuchte es mit bloßen Händen. Dann verfolgte er, wie ein Esel einen Karren durch den Fluß zog, doch es fiel nichts herunter.

Er beschloß zurückzukehren, aber diesmal nicht die Straße zu benutzen; bald verließ er das Ufer, weil er nicht so steil herumklettern mochte. Diesmal ging er auf der andern Seite der Brücke und sah flußabwärts, wie ein paar Frauen wuschen und die gerollte Wäsche auf Steine schlugen. Im schmutzigtrüben Wasser trieb ein toter Hund, und ein Bursche versuchte vom Ufer aus mit einer Stange, den Kadaver heranzuholen.

Vor der Brücke ein Platz und bereits die Straße, die an einer Fabrik vorbei aus dem Ort führte. Also ging er wieder zurück. Er las die Aufschriften auf den Gebäuden: da gab es eine Cooperativa, und was die alles an Apotheken besaßen. Dann stand er unversehens wieder bei der Busstation. Er sah nach, wann am andern Morgen ein Bus fuhr, möglichst früh, aber auch wieder nicht so früh, und er löste gleich den Fahrschein.

Da wollte er nun endlich einmal einen heben. Wozu gab es diesen großen »posto« daneben. In drei Hausmauern Öffnungen, die zugleich Türe und Fenster waren, so daß man durchs Lokal spazierte, wenn man den Weg um zwei Ecken abkürzen wollte.

Er ging die Flaschen an der Thekenwand durch. Ihm fiel eine Etikette auf, die er noch nie gesehen hatte; der Zuckerrohrschnaps war wie gehabt, und der Boy brachte sogar noch Zitrone. Als er die Titel des Wurlitzer absuchte, lümmelten sich bereits ein paar im Kreis darum, und ein Kleiner hing schon über dem Apparat. Einer mit einer Mütze, die ein Mineralwasser empfahl, zeigte auf eine Nummer. Die Platte war gar nicht schlecht mit ihrem Lied vom »gleichen Platz vor einem Jahr auf der gleichen Bank«.

Als er wieder in die Straße einbog, die er schon kannte, bemerkte er Schweine, die im Längsgraben wühlten. Er stampfte mit den Füßen auf den Boden, um die Viecher zu erschrecken; er gab einen Laut von sich, von dem er annehmen konnte, daß die Sau und ihre Jungen ihn verstanden. Aber die grunzten unbekümmert weiter. Da kam ein Alter mit einem mannshohen Stecken; der schlug auf die Tiere ein, von ihm ließen sie sich vertreiben; als er gewonnen hatte, kauerte er sich nieder, breitete einen Sack aus und begann im Abfallhaufen zu suchen.

Bevor der Fremde auf den Platz vor der Kirche zurückkam, bemerkte er einen Laden, der einzige, der geöffnet war. Zwischen Türmen von Plastikbecken, die nach oben kleiner wurden, und unter einem Himmel von Besen, Pfannen, Kesseln und Waschbrettern ein Mann auf einem

Hocker; einen Transistor am Ohr, hörte er einer Fußballübertragung zu. Der Platz selber schien noch leerer als zuvor. Der Fremde dachte einen Moment daran, ins Hotel zurückzukehren. Aber dann sah er auf der Gegenseite eine Reihe von Bänken, vielleicht mochte dahinter was los sein. Kaum war er zwei drei Häuserblöcke weiter, stieß er auf einen Platz mit Rabatten, mittendrin eine Büste. Er versuchte herauszukriegen, wer das war, aber es war kein Name und keine Jahreszahl zu lesen. Der Männerkopf sah mit seinem gedrechselten Schnurrbart verantwortungsvoll in die Bäume, die bis zum Boden hingen; in den Augen war etwas von jener Bestimmtheit, die vermuten ließ, daß der Mann es einmal mit der Jugend und dem Vaterland zu tun gehabt hatte.

Als er noch weiter ging, kam er schon wieder auf einen Platz; die schienen hier eine Vorliebe für kleine Plätze zu haben. Diesmal stand der heilige Francisco im Grünen und streichelte ein Bronze-Schaf im Arm, und an seine Füße schmiegte sich ein patinierter Hahn. Dahinter las er auf einer Tafel »ZOO«, und er sagte sich, warum nicht.

Für einen Zoo sah das Gebäude recht großspurig aus. Aber es war ein Kloster. Eine Tafel gab an, daß sich die Tiere hinter dem Kloster befänden. Er ging durch den Kreuzgang; aus einem der Räume drang der Chor, da wurde geübt. Er überquerte den Hof, wo der Wagenpark des Klosters untergebracht war, und stand vor den Gehegen.

Schildkröten krochen herum, und ein paar Enten benahmen sich, als könnten sie nichts als schnattern. In einem Käfig eine Schlange, dick und feist zusammengerollt, es hätten zwei oder drei sein können. Er überlegte, wie das Tier im nächsten Käfig wohl auf deutsch heißt, mit seiner spitzen Schnauze und dem buschigen Schwanz; es schnaubte zum Nachbarkäfig. Ein Pfau schlug sein Rad, aber jemand mußte ihm Federn ausgerissen haben oder vielleicht hatte er es selber getan. Die Gitter-Käfige standen auf Sockeln. Ein Wildschwein hatte sich unter den Affenkäfig in den Schatten gestellt, einer der Seidenaffen langte nach unten durch und kraulte dem Wildschwein die Borsten.

Das hätten wir auch, dachte er sich, und las auf einem Gebäude daneben »Museum«. An der Tür ein riesiges Vorhängeschloß. Er versuchte, durch den Spalt eines Fensterladens zu spähen. Vor dem Museum kauerte ein Eisverkäufer, der an den Speichen seines Wägelchens herumfingerte.

Auf dem Rückweg blieb er vor einer Mauer stehen, an welcher das verschmierte Plakat eines Zirkus klebte. Da wurde eine Sensation versprochen. Als er gegen den Platz vor der Basilika kam, baute ein Photograph seine Kamera auf.

Aus einer Nebenstraße näherten sich ein paar Mädchen, so zwischen acht und zwölf Jahren, die trugen eine Art Kistchen; hinter ihnen ging ein größeres Mädchen, das mit dem Handrücken übers Gesicht wischte, in einigem Abstand folgten zwei Knaben.

Als sich die Gruppe näherte, schlenderte der Fremde an sie heran. Er stellte fest, daß das Kistchen mit Kreppapier geschmückt war und daß es keinen Deckel hatte, und ich, der Fremde, sah: das Kistchen war ein Sarg, und darin lagst du, Fatima.

Als die Aufnahme gemacht war, hockte sich die älteste Schwester auf den Randstein; sie zog die Plastiksandalen aus, streifte sie an ihrem Kleid ab und hielt sie der Tante hin.

Der Vater forderte die Mädchen auf, die Keksschachtel zurückzubringen. Zwei hoben den Sarg und stellten ihn neben die älteste Schwester. Diese legte einen Arm über das Kistchen; mit der freien Hand rieb sie zwischen den Zehen und kratzte am Schorf ihrer Ferse.

Nachdem der Photograph »fertig« gerufen hatte, war der eine Bruder losgelaufen. Doch er durfte das Papier nicht in die Hand nehmen, das der Photograph aus der Kamera zog; der Junge war enttäuscht: auf dem Papier war alles schwarz, aber Fatima war doch weiß, ganz weiß sei ihr Kleid.

Man müsse nochmals eine Aufnahme machen, erklärte der Photograph. Da mischte sich der Vater ein: es sei nur eine vereinbart. Daran könne man sehen, wieviel Arbeit das bedeute für ein paar Cruzeiros, nur schon das Material: das Papier müsse ein zweites Mal in den Apparat, es werde dort nochmals photographiert und entwickelt, dann werde alles Schwarze weiß und alles Weiße schwarz; wenn Fatima begraben sei, werde das Bild fertig sein und sicher auch trocken.

Die beiden Mädchen kamen aus dem Laden, jedes hielt ein Stück Lompenzucker in der Hand; die eine wollte ihr Stück für ein paar Lutscher der älteren Schwester hinhalten; diese mochte nicht, sie zog die Knie an, verschränkte die Arme und legte ihren Kopf darauf.

Hinter den beiden Mädchen war die Frau des Ladenbesitzers erschienen, sie redete auf die Mutter und auf die Tante ein; alle schauten kurz in den Himmel. Dann beugte sich die Frau aus dem Laden über Fatima und nickte; die Zweitjüngste von Senhor Afonso bewege sich seit zwei Tagen nicht mehr, dort fange es genau gleich an.

Quer über den Platz ging der Vater vom Photographen weg; im Gehen winkte er den Töchtern und den Frauen. Vier Mädchen griffen in die Schnur, welche längst um den Sarg eingenagelt war, sie hoben die tote Fatima hoch. Da rief der Vater den Buben, der noch beim Photographen stand, mit einer ungeduldigen Geste zu sich.

Der Trauerzug setzte sich in Bewegung; der Fremde wartete einen Augenblick, dann folgte auch er.

Der Zug bog in eine Nebenstraße ein, die nachmittäglich leer und sonntäglich still war. Die Bäume warfen einen trägen Schatten. Gelegentlich Frauen an den Fenstern, sie bekreuzigten sich, flüsterten etwas nach hinten in die Zimmer. Neue Gesichter tauchten auf. Eine junge Frau trat auf die Straße, den Kamm in der einen Hand, mit dem sie auf die Handfläche der andern schlug, den Kopf hochgetürmt mit farbigen Lockenwicklern.

An der Kreuzung hielten Buben in ihrem Ballkicken inne; sie stellten sich zu einem zufälligen Spalier am Straßenrand auf. Einer rief dem einen Bruder etwas zu; der machte größere Schritte und holte die Schwestern ein, die den Sarg trugen.

Da haute ein Spieler dem andern den Fußball aus der Hand. Der Ball machte ein paar Sprünge, hüpfte dem

Trauerzug nach, bis er fast beim Sarg war, blieb tot liegen und rollte die leichte Neigung zurück.

Als sie auf einen freien Platz kamen, gesellte sich ein Hund zum Trauerzug; er hielt einen scheuen Abstand, schnüffelte und bellte kurz auf, als eine der Frauen zurücksah und sich nach einem Stein bückte. Mit einem Satz sprang er zurück, winselnd kam er wieder näher. Plötzlich horchte er auf, lief davon und jagte einen anderen Hund.

In einem Haus wurde Musik aufgedreht, ein Radio, der beim Empfang zitterte. Ein Schreien und Klatschen, eine Frauenstimme und Kindergebrüll, doch sogleich Stille. Dann wieder das Yeyeye, ein anderer Rhythmus als die Schritte derer, die den Sarg trugen und die ihm folgten.

Der Zug verließ den gepflasterten Platz, von dem eine Straße steil und gerade zu einer Kirche hinaufführte. Dahinter das Windrad einer Wasserschöpfe mit einem wimpelbehangenen Schweif. Auf der Straße in regelmäßigen Abständen Sockel, darauf Figuren-Szenen, farbige Keramik gegen den Horizont.

Für einen Moment stellten die Mädchen den Sarg ab. Alle hoben die Köpfe und sahen zur Friedhofsmauer, die sich drei-portalig und weiß auf einer leichten Anhöhe abzeichnete. Doch die Sonne stach in die Augen, so senkten alle die Blicke noch tiefer, als sie sich wieder in Bewegung setzten.

Sie nahmen einen ausgetretenen Erdweg, welliges und löchriges Gelände, nackter Boden. Ein paar rostige Dosendeckel. Papierfetzen, zerdrückte Plastikflaschen, der Unrat gehäufelt, Pflanzen mit Kriechwurzeln, ein mageres grünes Geflecht.

Vorbei an der Polizeistation und dem »Öffentlichen Gefängnis«. Ein Uniformierter zeigte sich, er knöpfte die

Hose zu und machte sich am Gurt und am Pistolenetui zu schaffen. Vorbei an einem spreizbeinigen Wasserturm, der dunkle Tank weit oben.

Als sich der Zug dem Friedhofs-Portal näherte, überholte der Vater die Mädchen. Er stieß das Gitter auf, die Kette schlug ein paarmal ans Eisen. Wie die Sargträgerinnen drin waren, zögerten sie. Doch der Vater dirigierte sie geradeaus zur Mauer auf der Gegenseite.

Da zeigte sich zwischen den Grabreihen der Totengräber. Er begrüßte den Vater von weitem; als die beiden Männer sich gegenüberstanden, holte der Vater aus der Tasche ein Stück Tabakwurst, wofür sich der Totengräber bedankte. Darauf führte er die Gruppe zu einer Mangabeira, unter dem Baum war ein Loch ausgehoben.

Der Vater packte den einen Sohn am Arm, sie bückten sich als erste unter den Ästen, schoben die Zweige beiseite und reichten sie den Nachfolgenden weiter. Die vier Mädchen stellten das Sargkistchen neben die Grube; das älteste weinte vor sich hin.

Mit dem Schaufelstiel maß der Vater die Tiefe der Grube ab, hielt ihn zum Vergleich neben das Sargkistchen. Er bat den Ältesten, er solle an der Seite anfassen; der schubste ein Mädchen beiseite, das mithelfen wollte. Die beiden senkten das Sargkistchen langsam hinunter; doch der Arm des Vaters reichte tiefer, so hing der Sarg schief. Die beiden überlegten, ob sie den Sarg plumpsen lassen sollten, aber sie zogen die tote Fatima wieder hoch.

Der Totengräber sagte, sie möchten einen Augenblick warten. Die Mutter langte in den Sarg, sie schob das tote Kind, das auf die Seite gerutscht war, gerade, drückte ihm den Kranz auf die Stirn und büschelte das Sträußchen in den gefalteten Händen zurecht. Der Totengräber legte zwei Stricke unter den Sarg. Dann ließen er und der Vater das Kistchen nach unten gleiten, mit einem Ruck brachte er die Stricke nach oben.

Nun drückte der Vater dem einen Sohn die Schaufel in die Hand und langte selber nach einem Spaten. Der Junge packte die Schaufel und fuchtelte dabei mit dem Stiel, daß die Mädchen erschrocken zurückwichen; das eine trat der Tante auf die Füße, welche kurz aufbegehrte, das Kind vor ihr an den Schultern faßte und sich darauf stützte. Der Junge stemmte die Füße gegen den Boden und wollte mit der Schaufel in den Erdhügel stechen, er rutschte aus und wäre beinahe über die eigenen Beine gefallen.

Da mischte sich der Totengräber ein, aber der Vater wehrte ab, sie könnten das alleine besorgen, wenn sie nur das Werkzeug benutzen dürften. Doch der Totengräber sagte, er wolle lediglich zeigen, wie man es mache. Da ermunterte der Vater den Jungen: »Paß auf.«

Der Totengräber stieg in die Grube, die Beine über das Sargkistchen gespreizt. Der Junge stellte sich neben der Grube auf, die Arme verschränkt, der andere Bruder lugte zwischen den Köpfen seiner Schwestern durch. Der Totengräber packte die Schaufel mit beiden Händen unten am Stiel und kratzte in kurzen Bewegungen am Wall neben dem Grab. Erde bröckelte auf das Sargkistchen und rieselte Fatima zu Füßen, dann plumpste ein Brocken zwischen die gefalteten Hände; das Sträußchen nahm sich aus, als sei es gepflanzt worden. Der Totengräber füllte die Schaufel und verteilte die Erde in einem gleichmäßigen Wurf und bedeckte sorgfältig das Gesicht. Da blieb der Totengräber mit der Schaufel hängen, er zerrte, die Schaufel gab nach und fuhr nach oben, daß der Totengräber fast den Halt verlor. Am Stiel hatte sich ein Streifen des Kreppapiers verfangen und baumelte herunter, abgerissen und schlottrig. Der Totengräber sah zum Vater und zuckte die Schulter. Er löste den Fransenstreifen von der Schaufel und hielt ihn für einen Moment in der Hand, bevor er ihn zerknüllte und neben den Sarg in die Erde stopfte.

Noch einmal kratzte und scharrte der Totengräber, er schob volle Schaufeln über den Rand und verteilte, was unten zu einem Hügel anfiel. Sanft klopfte er die Erde fest. Darauf reichte er dem Jungen die Schaufel: »So macht man das.«

Der Boden gab nach in diesem Jahr. Nicht nur den Schaufeln der Totengräber, sondern auch den Harken und Spaten der Landarbeiter und der Taglöhner.

Das war anders gewesen in jenem Jahr, da Fatima geboren wurde.

Damals hatten die Totengräber nicht nur Schaufeln und Spaten gebraucht, sondern Pickel; dabei hatten die Friedhöfe Saison.

Damals schienen die Steine fruchtbar zu sein. Felsen war auch dort anzutreffen, wo eben noch Humus gelegen hatte; an seiner Stelle trieben Steine und Steinchen an eine Sonne, in der sie sich vermehrten.

Sperrig war der Boden; die Kruste kochte unter der Hitze, bis sie platzte. Zur Erntezeit waren nur noch Risse einzubringen, sofern einer da gewesen wäre, um sie einzusammeln.

Es war, als sei die Erde auf den Boden gefallen und kaputt gegangen, in alle Richtungen verliefen sich die Sprünge.

Damals war die Dürre gekommen. Einmal mehr. Auch wenn sie nicht mit jener auszurechnenden Zuverlässigkeit wiederkehrte, mit welcher der Mond voll und leer wird, die Frauen ihre Tage kriegen und die Juni-Feste im Kalender stehen.

Die Dürre kam, seitdem sich die Großväter an die Großväter und an deren Geschichten vom Es-war-einmal erinnerten.

So war sie auch einmal vor hundert Jahren gekommen. Da mergelte sie aus, was einen Tropfen in sich hatte. Die Sklaven wurden überflüssig und in den Süden verkauft, solange man sie noch verladen konnte. Die Dürre entleerte Dörfer und Städte. Die Einwohner flüchteten an die Küste und den Amazonas hinauf und tauschten ödes Land gegen eine grüne Feuchtigkeit, die heiß und tödlich wucherte. Aber alle mochten die Dürre nicht vertreiben und auslöschen, sonst wäre niemand mehr dagewesen, dessentwegen es sich lohnte, wiederzukommen.

Wie die Dürre das nächste Mal kam, regierte im Land noch ein Kaiser. Als die Minister ihm vorrechneten, wieviel Menschen starben und was alles an Vieh einging, daß nicht nur Täler und Regionen verödeten, sondern eine Generation, griff der Kaiser in die Schatulle und rief: den letzten Brillanten werde er hergeben, damit nie mehr so etwas geschehe. Als es wieder geschah, war nicht ein Kaiser, sondern ein Staatspräsident erschüttert, und es wurde ein Inspektorat gegen die Katastrophe geschaffen.

So fand die Dürre, als sie wiederkam, Stauseen vor, von denen ein paar Anstößer profitierten. Sie traf auch einen riesigen Bauplatz, wo auf Tausenden von Rücken Erde in Körben verschoben worden war zu einem Wall, an dem weiterzubauen man aufgegeben hatte. Die Dürre führte einmal mehr vor, wie ein Mensch ausschaut, dem die Haut über die Knochen hängt; sie zog mit ihrem Zirkus durchs Land und brauchte dafür kein Zelt.

Diesmal bauten sie Telefon- und Telegrafenleitungen. So verbreitete sich die Nachricht von der nächsten Dürre, kaum waren die ersten Pflanzungen verdorrt. Rascher als bisher nahm das übrige Land Kenntnis von den Hungermärschen. Zu dem, was nicht eintrocknete, gehörten die Ticker der Morseapparate.

Sie konnte auch zu einem Zeitpunkt kommen, da fürchtete das ganze Land eine Grippe, die sich von Europa auch über den Südatlantik ausbreitete. Die Dürre hatte alle Mühe, zu beweisen, daß sie es mit jeder Katastrophe aufnehmen konnte, auch mit fremdländischen. Sie ließ sich nicht lumpen, selbst die Flaschenbäume bangten um ihr gespeichertes Wasser.

Für diesmal wurde beschlossen, nicht nur Wege auszubauen und neue Straßen zu planen, sondern auch Eisenbahnlinien zu legen. Diese Verkehrsverbindung erleichterte bei der nächsten Dürre die Flucht. Viele stürmten die Eisenbahn. Aber auch dieses Pferd ohne Kopf brauchte Wasser, es verdampfte unterwegs, zischend blieben die Lokomotiven auf der Strecke.

Die Dürre kam unbekümmert um das, was jeweils inzwischen geschehen war:

Ob eine Revolution stattgefunden hatte und die Militärs geputscht hatten. Ob man versucht hatte, die Großgrundbesitzer als selbsternannte Oberste von Privatarmeen zu entwaffnen. Gleichgültig, ob sich in der Hauptstadt ein Diktator eingerichtet hatte, und ohne Kenntnis davon zu nehmen, daß zum zweiten Mal ein Krieg die ganze Welt erfaßte.

Sie agierte abseits dieser Welt, sie setzte ihre eigenen Daten und sie besorgte sich die Toten auf ihre Weise.

Obwohl sie von Mal zu Mal mehr bedrängt wurde, sie blieb anhänglich, auch wenn immer mehr Staudämme und Erdwälle anzutreffen waren. Sie wurde nur neugieriger ob der neuen Departemente und der neuen Kommissionen. Alte Banken hießen nicht mehr wie früher, und besondere Kreditinstitute waren geschaffen worden. Spezialisten untersuchten sie, und Wissenschafter verschiedenster Disziplinen gaben sich mit ihr ab. Sie blätterte routinierter in immer genaueren Untersuchungen, in Projekten und Reformvorschlägen und Reformen für die Reformen und freute sich jedesmal über das trockene Papier, auf dem so viel von ihr zu lesen war.

Als sie in dem Jahr kam, da Fatima geboren wurde, tat sie zunächst, als wüßte sie nicht recht, ob sie nur die eine oder andere Region drannehmen oder ob sie sich erst zufrieden geben sollte, wenn der ganze Nordosten ausgetrocknet war.

Es regnete nochmals, aber nur um vorzuführen, wie ein Wald, dessen Stämme und Äste schon grau geworden waren, nach ein paar Tropfen zu grünen und zu treiben beginnt.

Dann blieben die Wolken stur und unnachgiebig am Himmel hängen.

Die Gläubigen trugen ihre Heiligen bis über die Ochsenwege, um den Statuen zu zeigen, wie sehr der Kürbis und die Bataten, der Mais und die Baumwolle das Wasser brauchten.

Die Großhändler und die Zwischenverdiener verschnürten die Säcke und vernagelten die Kisten; sie füllten ihre Lagerhäuser, schlossen die Magazine und stellten Wachen davor.

Es braucht die Sonne, beruhigten die Leute einander. Ohne Sonne bleiben die Tabakwürste feucht. Wenn keine Sonne kommt, werden Carnaúba-Blätter nicht trocken, und dann können die Fabriken nicht arbeiten. Ohne Sonne gibt es keinen Hanf. Wie soll man zu Trockenfleisch kommen, wenn es nicht vorher an die Sonne gehängt werden kann.

Auf den Märkten jedoch verkündeten die Bänkelsänger den Untergang der Welt, es werde regnen, aber Pech und Schwefel.

Die Raupen machten sich ans letzte Grün, und die Felder gerieten noch einmal in Bewegung.

Die Ziegen wußten nicht mehr, wo hinauf sie klettern sollten, sie standen schon oben auf den Felsen und knabberten an den Steinen.

Man vernahm die ersten Nachrichten von Familien, die an Vergiftungen starben. Die einen, weil sie in den Buschwald geflüchtet waren und dort das erstbeste Laub von den Bäumen gegessen hatten, und die andern, die hatten sich über veraastes Fleisch hergemacht.

Der Mais und die Baumwolle, abwechslungsweise auf den gleichen Feldern gepflanzt, glichen sich immer mehr, indem sie verdorrten und verbrannten.

Schon längst fütterten die Viehhirten ihre Tiere nur noch mit Kakteen. Dafür mußten sie weiter ins Ödland hinein reiten; aber wenn sie zurückkamen, waren es wieder ein paar Stück weniger, die Futter brauchten.

Neben einigen Staubecken hockten Männer, und Kinder planschten darin. Es fehlten die Abzugskanäle, welche das Wasser zu den Pflanzungen gebracht hätte. So verdorrten diese neben Wasser, und dieses verdampfte unter einem Himmel, der jede Feuchtigkeit aufsog.

Wetterspezialisten schossen Raketen in den Himmel. Aber nur einige Wolken wurden zerrissen, und nur ein paar gaben Wasser ab, und auch das nur kurz.

Die Bischöfe und ihre Sekretäre trafen sich zu einer Konferenz und erließen Appelle und unterschrieben mit vollem Namen.

Die Präfekten telegraphierten an die Gouverneure und

erbaten telegraphische Hilfe. Die Gouverneure machten Auszüge aus den Berichten und schickten sie an die Zentralregierung.

Die Regierung entsandte einige Camions mit Lebensmitteln und gleichzeitig Soldaten, damit die Transporte nicht überfallen wurden und um die Verteilung zu kontrollieren. Das Militär wurde aber auch aufgeboten zum Schutz gegen die Hungerzüge, welche von den Dörfern und Weilern her auf dem Anmarsch waren und bereits in den Städten Geschäfte gestürmt hatten.

Es wurden Arbeitsfronten aufgetan, irgendwo in der Region entstanden Camps, wo Männer, getrennt von ihren Familien, in irgendeiner Richtung eine Straße zu bauen begannen.

Die Fernsehequipe, welche den ersten ausführlichen Tatsachenbericht filmte, fing mit Großaufnahmen von gebleichten Knochen an, die man am Wegrand gefunden hatte, und sie zeigte am Schluß, wie ein Landarbeiter seine Hände nach einem toten Kind ausstreckte, das er auf der Freitreppe eines Rathauses deponiert hatte.

Als einer vor einer geschlossenen Baumwoll-Fabrik eine Rede hielt: die Dürre werde nicht vom Himmel gemacht, sondern von den Reichen, man müsse nur in die Klubs gehen, wo die Patrons mit der Dürre bei einem internationalen Whisky die Preise absprächen, fand die erste Verhaftung statt.

Aber da war es soweit, daß die Dürre sich für einmal wieder zurückziehen konnte:

Die, welche ausgeharrt hatten, waren längst ans Saatgut gegangen. Wenn sie im nächsten Jahr aussäen wollten, mußten sie verpfänden, was bereits verschuldet war.

Und mit dem Vieh, das geschlachtet wurde, wurden

auch die Muttertiere getötet. Da konnte man im kommenden Jahr lange darauf warten, bis eine Kuh zum vierten Mal warf und jenes »Vierte« auf die Welt brachte, das einigen Kuhhirten als Entlöhnung zustand.

Während immer mehr Vieh einging und man mit den Notschlachtungen nicht nachkam und fürs Fleisch zwar Hungernde aber keine Käufer da waren, während die Felder grauer und gelber wurden und aussahen, als wären sie nicht bepflanzt worden, sondern brandgerodet, als auch in den größeren Staubecken das Wasser faulte und der Schlamm zu bizarren Formen vertrocknete, als in den Städten das Wasser nur noch für eine oder zwei Stunden pro Tag angedreht wurde und vor den öffentlichen Zapfstellen die Reihe der Kanister immer länger wurde, als immer mehr Familien ihre Habe packten und vergruben, was sie nicht mitnehmen konnten, als an den Busstationen um Plätze nicht nur gestritten, sondern auch geschossen wurde, und als auf dem Schwarzmarkt kaum mehr Mineralwasser-Flaschen zu kriegen waren, da blieb es noch in den Bäuchen der Frauen feucht. In einigen wuchsen Kinder heran, unter ihnen eines, das Fatima heißen sollte.

Als die Stunde gekommen war, netzte die Schwägerin ein paar Rizinus-Stauden mit Öl und legte den Hut des Vaters bereit, um ihn der Gebärenden aufzusetzen, wenn die Geburt schwer sein sollte. Sie füllte in zwei Konservenbecher Zuckerrohrschnaps, einen für die Gebärende und einen für sich selbst. Dann holte sie den Wasserkanister, neben dem sie aus Vorsicht geschlafen hatte. Wenigstens reichte es, einen Lappen feucht zu machen und Mutter und Kind abzureiben. Dem Kind konnte es nur gut tun, wenn man an ihm rieb. Beide Frauen wunderten sich, daß es schrie.

Aber vorher hatte die Schwägerin die Tür verriegelt, damit die Hebamme nicht hereinkam. Die war schon seit Tagen ums Haus geschlichen.

Alle hatten gelacht, wie die Hebamme mit der Schere bei den Hauseingängen die Schnüre durchschnitt, an denen die Perlvorhänge hingen, und wie sie diesen auf der Schwelle kauernd ein Schlaflied sang.

Die Hebamme wurde aus den Schnapsbuden geprügelt, wo sie Reklame-Schilder herunterholte, und in einer war sie auf dem Spiegel herumgetrampelt, weil der keinen Laut gab, nachdem sie ihn liebkost und getätschelt hatte.

Auf dem Markt kletterte sie über die Säcke und krabbelte von Stand zu Stand und rief: ich komme, ich komme. Sie drückte an den Bündeln von Seilen, als müßte sie Wehen nachhelfen. Die Würste, die sie herunterholte, wickelte sie ins nächste Papier, als bräuchten die Windeln.

Aber die Polizei ließ sie wieder laufen, denn das Gefängnis hatte schon keinen Platz für richtige Diebe. Es war allen klar, daß die Dürre der Hebamme den Verstand genommen hatte; sie hatte im Gefängnis nur dagesessen und an ihrem ausgestreckten Daumen gelutscht und ihn im Kreis herum angeboten, als reiche sie eine Flasche weiter.

Mit offener Schere rannte sie durch die Straßen und über die Plätze. Sie schnipselte die Luft und schnappte mit ihr nach den Wolken. Sie lief den Gürteln und Zöpfen nach, den Gummibändern und Ketten, dem Saumzeug und den Stricken, jedem Faden und jedem Seil, alles was nach einer Nabelschnur aussah, wollte sie durchtrennen. Sie kletterte an einem Mast hoch und zwackte eine elektrische Leitung durch, vom Schlag getroffen purzelte sie zu Boden; sie hatte als letztes Kind einen Blitz abgenabelt.

Wie anders war es in dem Jahr, als Fatima starb. Der Mais verdorrte nicht auf den Feldern. Die Baumwolle hatte alle Aussicht, gepflückt zu werden, und die Entkörnungsmaschinen in den Fabriken wurden nicht umsonst überholt.

Der Maniok wurde nicht teurer als sonst. Der Minimallohn lief wie immer den Preisen nach und blieb wie immer mehr zurück.

Aber es waren Maniok und schwarze Bohnen zu haben. Keiner hamsterte sie, und auf den Märkten wurden Kutteln und andere Innereien dick gesalzen und an die Sonne zum Trocknen gehängt.

Verschiedenste Sorten Reis wurden angeboten. Weder Käufer noch Verkäufer bückten sich nach dem, was beim Abwägen und Verpacken herunterfiel. So krochen wie immer nach Marktschluß ein paar Alte und Kinder auf dem Boden herum und sammelten die Körner in ihre Konservendosen.

Man brauchte nicht auszurechnen, wieviel Sack Zwiebeln oder Soja pro verdorrte Hektare verlorenging.

Es tauchten auch nicht die Geldverleiher auf, die bereit waren, den Bauern, die keine Ernte in Aussicht hatten, Cruzeiros zu besonderen Bedingungen vorzustrecken, damit sie den ersten fälligen Bankzins bezahlen konnten.

Die Kühe und Ochsen mußten nicht abgetan werden, um wenigstens etwas Fleisch auf die Waage zu bringen. Die Stiere stiegen mit Kraft und Lust auf die Kühe.

Die Zahl jener, die keine Arbeit fanden, und all jener, welche zwischendurch und bei Gelegenheit arbeiteten, war nicht größer als sonst; es standen nicht mehr Männer als üblicherweise herum, und es packten auch nicht mehr Familien als gewöhnlich ihre Sachen, um ein für allemal an die Küste und in die Großstädte wegzuziehen.

In diesem Jahr kam nicht die Dürre. Für einmal kam das Wasser.

Als die ersten Tropfen fielen, sahen alle dankbar in den Himmel, auch wenn sie dann immer länger auf den Boden sahen, wo das Wasser liegenblieb und höher stieg.

Es war nicht der Sankt-Josef-Regen, der sich am neunzehnten März einstellt, weil Josef weiß, was es heißt, eine Familie ernähren zu müssen.

Es war nicht der Regen, der frühzeitig kommen muß, damit die Nüsse wachsen und die Sammler nicht umsonst warten.

Es war ein anderer als der Kinderpipi-Regen, der nur tröpfelte, so daß man keinen Schirm nehmen mag, aber am Ende doch ganz naß ist.

Es war auch nicht der Greisen-Regen, der dünn und verzettelt laufen läßt, weil er nicht mehr halten kann.

Und auch nicht das Weibergeplätscher, unter dessen Klatsch und Tratsch aus heiterem Himmel sich das Wasser ergießt, aber ebenso plötzlich aufhört, weil es dem Regen in den Sinn kommt, daß etwas auf dem Herd steht.

Es war ein Regen, der von allem etwas hatte und doch ganz anders war:

Manchmal lag er überm Land wie dicke Wäsche, welche die Mädchen zu faul gewesen waren, auszuwringen. Dann war er wieder ganz fein, eine Klöppelarbeit, bei welcher Kinderhände jeden Tropfen einzeln geformt hatten. Aber zwischendurch strömte es, als hätte man vergessen, die Hahnen abzustellen.

Plötzlich stand vor den Häusern das Wasser, das man sonst von weither holen mußte, und man löste sich beim Wasserschöpfen ab.

Dann drang das Wasser zwar in die Häuser, aber nicht so, daß man alles hätte aufgeben müssen, man brauchte die Matratzen und Decken nur auf die Tische zu stellen oder in die Hängematten zu legen.

Zwischen den Häusern floß nicht bloß ein willkürliches Rinnsal, sondern ein kleiner Bach, der anschwoll. Die Scheißhäuschen schwappten über, und das Wasser nahm ein tüchtiges Stück vom angesammelten Dreck mit und es blieb Dreck von woanders und weiter oben liegen.

Der Boden gab nach und hielt die Füße fest; er wurde qualliger, und der Schlamm tiefer. Die Bretter versanken im Morast, über den man sie als Steg gelegt hatte.

Es traf vor allem die Hütten und Behausungen, die schon nie richtig auf Füßen gestanden hatten. Die, welche an irgendeinen Abhang oder einer Kuppe gebaut worden waren und die immer halb in die Luft hinaus hingen. Mit der Erde, die rutschte, brachen die Stecken, und die Hütten sackten ab.

Es traf die Quartiere, wo das Wasser auch sonst keine Gräben und keine Kanäle fand, da konnte es liegenbleiben in all den Löchern und Mulden.

Und dann standen jene Quartiere am raschesten unter Wasser, die in Niederungen gebaut waren, wo es schon immer ein bißchen feuchter war, weil sich dorthin ein Teil der Abwässer ergoß.

Allerdings wurden auch die Zentren der Städte in Mitleidenschaft gezogen. Neben den Trottoirs bildeten sich

Tümpel bis zur Mitte der Straßenhöhe. Aber es war noch schnell soweit, daß die Ablaufrohre nicht nachkamen. Zudem bot das Gelegenheit, zu hüpfen und Sprünge auszuprobieren. Die Autos fuhren mit Tempo ins angestaute Wasser, und die Lastwagen bespritzten mit Dreck, was irgendwie erreichbar war. Es wurde bei diesem Regen nicht nur geflucht, sondern auch gelacht.

Es wurden immer mehr Überlandstraßen in Mitleidenschaft gezogen, doch von denen hatte man schon immer gewußt, daß sie keine Allwetterstraßen waren. Dort blieben die Karren stecken. Die Esel ließen sich zu Tode prügeln, weil sie weder sich noch die Last aus dem Dreck hochbrachten. Einige Busgesellschaften stellten auf Nebenlinien den Verkehr ein.

Ein paar Bäche, die sonst kaum ihr Bett benutzten, hielten sich nicht an die vorgegebenen Ufer; mit einer Sturzflut schwollen sie in kürzester Zeit zu Flüssen an und verbauten sich selbst den Weg mit Strünken und Kadavern, mit Müll und Schlamm. Die, welche sonst froh waren, an einem Ufer oder in dessen Nähe zu wohnen, retteten, was dem plötzlichen Ansturm noch zu entreißen war.

In den Zeitungen erschienen die ersten Bilder von abgebrochenen Straßenrändern und eingestürzten Brücken. Von Camions, die steckenblieben, und von Autokolonnen, die nicht weiterkamen. Wenn der Reporter im Radio von den Unglücksstellen berichtete, wurde seine Stimme zuweilen schrill, als habe das Wasser ein Goal geschossen.

Aber das Unglück blieb überblickbar, und die Katastrophe lokal. Man vermochte die zu zählen, welche unter den zusammengebrochenen Häusern liegengeblieben waren. Man konnte genau und fast immer mit Namen angeben, wer bei den Erdrutschen umgekommen oder nicht rechtzeitig aus Baugruben hervorgekrochen war. Natürlich gab es Kurzschlüsse, aber die Brände griffen nicht über. Die Feuerwehr verfügte über Wasser, und Sondertruppen des Militärs bauten Stege und Notbrücken.

Die Bäche sackten so rasch zusammen, wie sie verrückt geworden waren. Der Boden schluckte, soviel er konnte. Es blieben Tümpel und Weiher liegen, wo man sie nicht erwartet hatte und wo man sie begrüßte.

Die Zeitungen berichteten nicht nur von Unglücksfällen und Katastrophen, sondern sie verzeichneten auf den ersten Seiten aufs Komma genau, wieviel Millimeter es wo geregnet hatte. Die Staubecken und Stauseen füllten sich, auch wenn hin und wieder ein Erdwall riß und einstürzte. Man durfte mit einem gnädigen Winter rechnen. Es war für den Nordosten kein schlechtes Jahr, das Jahr, in dem Fatima starb.

Ob die Jahre gut oder schlecht gewesen wären, wie immer sie sich abgelöst hätten, eines, Fatima, wärst du mit Bestimmtheit geworden, eine Wasserträgerin.

Eine jener Wasserträgerinnen, wie sie in deinem Nordosten anzutreffen sind. Neben den Straßengräben und am Horizont, in den Vororten und die Hügel hinauf. An jeder Kreuzung und auf allen Maultierwegen. Wenn möglich im Schatten, aber auch, wenn es regnet. In der Frühe und in der Mittagshitze und bis in die Abende hinein.

Mädchen und Matronen, Frauen unbestimmten Alters, Schwangere, und die, in denen es pubertiert. Mit trotzigen Brüsten und aufgegebenen Leibern. Ob latschend oder stolzierend, ob in erwartungslosem Gang oder eilfertig. Lachend, schimpfend und quatschend, die Augen gesenkt und stumm vor sich hin gehend. Scharweise unterwegs und im Gänsemarsch, von Kindergebrüll umgeben und in der Gruppe, oder allein und verloren und manchmal nicht einmal das. Du wärst eine dieser Trägerinnen geworden, die in ihren Krügen und Kübeln, in ihren Kesseln und Kanistern unermüdlich und unentwegt ein paar Liter Wasser dorthin bringen, wo man es nötig hat.

Als künftige Wasserträgerin hast du bereits die verschiedensten Kanister unterschieden, auch wenn es vornehmlich solche waren, in denen Kerosen gehandelt wurde, das man für den Kocher und die Lampen braucht.

Es gab auch andere Blechbehälter. Die für Öl oder Pulvermilch. Und alle mit dem farbigen Allerlei von Markenzeichen. Aber bis du sie zu Gesicht bekamst, war von der Kuh nur noch der Schwanz zu sehen und von der Palme der Stamm, der Panther zeigte lediglich eine Vordertatze, und die Sonne hatte ihre Strahlen verloren, angeschlagene Lettern und die Spur von einer Spur.

Du selbst hättest nicht nur den Kanister benutzt, den dein Vater hergerichtet hat – den Deckel oben am Rand ausgeschnitten, die Kanten stumpf geschlagen, und dann auf zwei Seiten Nägel hineingehauen, um ein Stück Holz zu befestigen, damit der Kanister einen Griff bekam.

Du hättest auch jenen Kanister genommen, an dem ein Strick befestigt ist, den man in der Länge so knüpft, daß der Behälter auf dem Hintern baumelt. Wie eine Tasche trägt man ihn über der Achsel, aber auch nur, wenn er leer ist, sonst schneidet er einen roten Striemen ein.

Und vielleicht hätte dir einmal dein ältester Bruder seinen Steckenroller geliehen. Er bastelte ihn, nachdem er ein Stück Schlangenhaut gegen vier Muscheln und diese gegen einen Haken und ein Rädchen eingetauscht hatte. Der Kanister hing am Haken; dein Bruder brauchte nur den Stecken zu stoßen, weil vorn ein Rädchen lief. Er rannte hinterher, stundenlang drehte er Runden, und selbst mit einem vollen Kanister nahm er am Hang die schärfsten Kurven.

Kanister, auf denen man trommeln konnte, von Hand oder mit einem Stecken. Blechbäuche, die man prügeln mußte, bis sie Laut gaben, aber die sich dem Schläger fügten, sofern der nicht nachgab, und dein jüngerer Bruder trommelte aus den Kanistern Blech-Geschichten hervor, die nie aufhörten.

Und diese Kanister bildeten manchmal vor den Zapfstellen eine Schlange mit glänzenden rostigen Schuppen, sie bog und wand sich, je nachdem wie der Hintenanstehende seinen Kanister abstellte. Vom Schwanz bis zum Maul konnte man auf der Schlange trommeln, daß sie dröhnte, als gelte es, die Tropfen im Hahnen zu beschwören oder die Wasseradern so zu erschrecken, daß sie platzen und überlaufen.

Aber mit welchem Kanister auch immer du Wasser geholt hättest, du wärst zu jener Zapfstelle gegangen, die unten am Erdwall liegt. Der staut einen Weiher, und auf seiner Dammhöhe setzt sich ein Stück der Friedhofsmauer fort. Über der Zapfstelle ist ein Schutzdach errichtet worden, und die beiden Leitungen, die aus dem Boden steigen, stecken in einem zementierten Fundament. Um das erhöhte Viereck herum breitet sich eine Pfütze aus, unregelmäßig verlaufend und jeden Tag mit andern Rändern, morastig, seicht und unvermittelt mit Tiefen, wo man rutscht; aber das Gras ist nachgiebig und schmiegsam feucht.

Und wegen der Pfütze ein Turnen über die Steine, die man als Tritte hineingeschmissen hat, das prüfende Aufsetzen des Fußes auf einen matschigen Grund, Schritte, die weit nach vorne ausholten, der berechnete Sprung und dann wieder ein Trippeln um die Pfütze, aber auch Platsch-Platsch unbekümmert mitten hinein.

Was hier verschüttet wird, was ausläuft, weil die Hahnen nicht richtig zugedreht wurden oder einmal wieder nicht dicht sind, was durch den Erdwall sickert, das sammelt sich zu einem Rinnsal, das gemächlich den Hang hinunterfließt, einen grünen Streifen auf jeder Seite, niedrig wuchernde Pflanzen, die dunkelrot blühen und unter harmlosen Blättern Dornen verstecken, grüne Rosetten auf der bloßen Erde. Bis dorthin, wo die gepflasterten

Straßen anfangen und die Häuser stehen, die Fenster haben mit Glasscheiben drin und gekachelte Vorgärten.

Die Zapfstelle liegt wie eure Hütte und die andern Behausungen in einem Terrain, das nicht mehr zur Stadt und noch nicht zum Land gehört. Hier ist es mit den Straßen zu Ende, die einen Namen haben, und auch die Häuserzeilen hören auf. Dafür darf man sich die Wege nach Lust und Bedürfnis zurechttreten, und vor lauter Abkürzungen kann man hin und wieder kaum einen Weg unterscheiden. Als zukünftige Wasserträgerin hast du, Fatima, deine Geschwister zur Zapfstelle begleitet. Zwar haßten deine Brüder die Weiberarbeit des Wasserschleppens, und sie behaupteten, du würdest mit Absicht im Tümpel steckenbleiben. Aber die Schwestern, die nahmen dich mit, am Morgen und am Abend, und auch, wenn du gar nicht mochtest. Hier hast du zugeschaut, wie man einen Kanister nützlich füllt, damit er nicht schon beim ersten Schritt überschwappt.

Hier hättest du deinen Schwestern oder Brüdern eines Tages beim Wassertragen geholfen. Du hättest achtgegeben, das gleiche Tempo anzuschlagen, auch wenn du größere Schritte hättest machen müssen. Die Wege waren immer ein bißchen abschüssig, und immer stand eine Trägerin ein wenig höher als die andere.

Hier hättest du auch zum ersten Mal selber einen Kanister gefüllt. Du wärst vielleicht der Versuchung erlegen, ihn nicht ganz voll zu machen. Dann hättest du zu wenig Wasser nach Hause gebracht, und sie hätten dich gleich nochmals ausgeschickt.

Du hättest den andern abgeschaut, wie man einen Kanister mit einem Ruck hochhebt, ihn kurz auf der Schulter abstellt, bevor man ihn auf dem Kopf plaziert.

Denn einmal hättest du versucht, den Kanister auf dem Kopf zu tragen, ihn nicht mit hochgestrecktem Arm am oberen Rand zu halten oder mit abgewinkeltem Arm ihn dort zu stützen, wo er auf dem Kopf aufliegt, sondern ihn freihändig zu balancieren. So, daß man nicht nur mit den Augen rundherumschauen und auf den Boden sehen kann, sondern so, daß man sich zurückdrehen und auch einen Hang direkt hinaufsteigen kann, als trage man nichts auf dem Kopf.

Bei einer solchen Gelegenheit hättest du wahrscheinlich zum ersten Mal gezeigt, was dir zur Freude und zur Verlegenheit vorne als Brüste wuchs, und die Burschen hätten angefangen, dir den Kanister auf den Kopf heben zu helfen.

Auf alle Fälle hättest du an dieser Zapfstelle gekichert, wie die großen Mädchen es taten. Die kicherten immer und zeigten sich was, auch wenn es nichts zu sehen gab; die flüsterten sich immer etwas zu und tuschelten; du hättest mitgelacht, weil deine älteren Schwestern lachten und was zu berichten hatten, wenn sie heimkamen.

So trugen ja auch die Frauen nicht nur die Wäsche unterm Arm oder auf dem Kopf nach Hause, sondern packten mit den Tüchern und Hosen, Hemden und Röcken auch immer aus, was sie beim Waschen gehört und was sie sich auf dem Heimweg schon ein zweites Mal erzählt hatten. Bis der Vater wütend wurde und drohte, er werde davonlaufen, wenn sie nicht mit dem Wäsche-Gewäsch aufhörten, und der davonlief, ehe die andern Zeit gehabt hätten, aufzuhören.

Du bist als zukünftige Wasserträgerin nicht nur zur Zapfstelle gegangen, sondern auch an den Stauweiher. Als ein kleiner See konnte er daliegen, träg und immer bräunlichgrau; wenn es frisch geregnet hatte, sah er aus, als habe schon jemand darin die große Wäsche abgehalten. Ein See, wo nur der Wind Wellen machte, und der geduldig Kreise zog, soviel Steine man auch hintereinander hineinwarf.

An diesen Stauweiher durfte man nicht nach Einbruch der Dunkelheit, dann kamen die Schlangen, um Wasser zu trinken. Aber es hieß, daß die ihre Zähne vor dem Trinken im Gras deponieren, damit sie sich nicht selber vergiften. Wer Glück hatte, konnte an diese Zähne heranschleichen und der war für immer vor Schlangen sicher.

Der gleiche See aber konnte ein Tümpel sein, wenn der Spiegel absackte; dann kam er zu einem schwarzen Rand, der immer breiter wurde. Solange der Dreck feucht war, glänzte er, bis er zu stinken begann, wie es hinterm Haus immer stank. Dann konnte man sehen, was alles hineingeworfen wurde, es hing am Gestrüpp und an ein paar stehengebliebenen Wurzeln, und immer gab es was zum Einsammeln. Man konnte wie die Hunde in diesem Schlamm wühlen und die Füße langsam darin versinken lassen, bis er zwischen den Zehen hochquoll.

Am liebsten bist du mit den Frauen zum Stauweiher gegangen, wenn sie das Wachstuch zum Schrubben mitnahmen. Zwar jammerte die Mutter jedesmal, die Männer würden nicht achtgeben, und sie zählte nach, ob es noch immer gleich viel Schnitte und Stiche waren. Das Wachstuch schwamm länger auf der Wasseroberfläche als die Wäsche, und du konntest wie auf ein Floß Steinchen drauflegen.

Aber du hast nicht nur die Zapfstelle und den Stauweiher kennengelernt, sondern auch ganz andere Wasser. Denn du hast einmal die Tante zur Senhora begleitet, der sie die Wäsche besorgte. Diese Frau besaß im Haus elektrische Stecker, sogar einen für das Bügeleisen. Die Tante hatte gefragt, ob du auf die Toilette gehen dürfest, und die Patronin hat es erlaubt. Du bist auf einer weißen Schüssel gesessen, und deine Tante hat dich gehalten. Ihr habt hinterher gespült, du wolltest noch einmal draufklettern und noch einmal spülen.

Und dann hat dein Vater versprochen, einmal mit allen an einen großen Stausee zu fahren, an den, wo einer seiner Brüder bis zu seinem Unfall gearbeitet hatte, bevor der nach Recife ging und dort ins Gefängnis kam. So ein Stausee sei was anderes als der Scheißweiher und der Dreckstümpel hier. Er wolle, daß jedes seiner Kinder einmal so viel Wasser sehe, daß es für ein ganzes Leben reiche.

Die Tante meinte, ob es nicht spannender sei, ans Meer zu fahren und nach Fortaleza zu gehen, der Bus koste nicht viel mehr. Aber der Vater sagte, das schlage sie nur vor, weil sie schon einmal dortgewesen sei und in einem Club serviert habe und sich wichtig machen wolle; sie sei gar nicht wegen des Wassers ans Meer gegangen, sondern wegen eines Fischers. Er wolle seinen Kindern süßes Wasser zeigen.

Bei der Gelegenheit ermunterte die Mutter gewöhnlich deinen ältesten Bruder, die Weltmeere aufzuzählen. Er ging länger in die Schule als die beiden älteren Schwestern zusammen. Er kannte alle Weltmeere auswendig und wußte auch, wie tief sie sind. Hinterher wandte sich die Mutter jedesmal an die Tante: »Wenn der so weitermacht, wird er Geistlicher oder vielleicht sogar Abgeordneter.«

Aber sie haben dich nicht zu einem der großen Seen

mitgenommen, wo die Staumauern zementiert sind und riesige Rohre das Wasser in die Tiefe führen und von wo das Elektrische kommt und wo dein Vater Fische fangen wollte, sofern die Frauen inzwischen aufpaßten.

Du hast auch nicht im Kanister Wasser nach Hause getragen. Obwohl du größer als die Kanister geworden bist und sie mit beiden Armen umfassen konntest. Du warst groß genug, um dich darüber zu beugen und den Kopf hineinzustecken und in den dunklen Geruch »Buhh« zu rufen.

Du hast zwar auch einmal einen Kanister gefüllt. Aber nicht mit Wasser, sondern mit Sand und Papierfetzen, so daß dich die ältere Schwester an den Haaren zerrte. Aber du hattest lange genug beobachten können, wie der Käfer nicht mehr hochkam, den du eingesperrt hattest.

Wenn du Wasser trugst, hast du deine Hände benutzt, ob an der Zapfstelle oder am Weiher oder auch zu Hause, wo du in die vollen Behälter langtest. Das Wasser rann durch die Finger, als wären sie ein Kanister, in den der Rost Löcher gefressen hat. Du zogst eine lustige Spur hinter dir her, du hast Wasser geschöpft, um Spuren zu ziehen, im Zickzack, im Kreis und in die Luft hinaus.

Und doch bist du eine Wasserträgerin geworden, aber eine, die das Wasser nicht im Kanister trug, sondern im eigenen Bauch.

Dort sammelte sich eine Pfütze an, als hätte es in dir geregnet. Die Pfütze wurde zu einer Lache, wo man hätte Wasser schöpfen können. So sehr man auf den Bauch drückte, das Wasser blieb; es stieg, als wäre dein Bauch ein Stauweiher, der vorsorgen will, und das Staubecken wurde so schwer, daß die Beine es nicht mehr tragen mochten.

Die Mutter schickte die Mädchen Wasser holen. Nicht nur fürs Kochen, den Abwasch und um sich selber zu waschen. Sondern einen Kanister, um dir über deine Stirne zu wischen. Und dann holten sie einen, um deine Hände hineinzutauchen. Und gleich noch einen, um den Boden zu besprengen. Und einen für die Wickel und einen für alle Fälle. Gefüllt standen die Kanister herum, der mit dem Strick dran und der, den dein Vater selber genagelt hatte, und auch der, auf dem der Panther nur eine Vordertatze und die Sonne keine Strahlen hatte.

Nach wie vor wurde gekocht und hantiert, und die Geschwister spielten oder saßen einfach herum. Immer wieder kamen sie zu dir an die Hängematte, sahen nach und fragten etwas oder blieben einfach stumm. Wenn die Tante den Transistor andrehte, stellte sie ihn gleich wieder ab. Der Vater und die Mutter flüsterten; sie holten eines Abends eine Nachbarin, die schon einmal ähnliches erlebt hatte; dann gab es noch jemanden, der sich auskannte. Und alle trafen sich in der Hütte und beratschlagten, was man macht, wenn eine Wasserträgerin selber zum Kanister wird.

Wenn es das Kind auf der Brust hat, muß man Kuhdreck einreiben. Lange und immer im Kreis, bis die Arme wehtun. Der eigene Schmerz zieht fremden an. Warm muß der Dreck sein, und frisch von der Kuh. Fragt João, ob er etwas Dreck von seiner Kuh übrig hat.

Aber das Kind leidet gar nicht auf der Brust. Es hat es im Hals. Schaut, wie es würgt. Es würgt an sich selber. Es möchte den Klumpen herauspressen, aber der wächst, mit jedem Schluck frißt er sich ein, das hört man am Röcheln; wenn das Kind fortfährt, aus den Röhren zu pfeifen, pfeift es dem Tod.

Gescheiter wäre, Schnaps einzuflößen. Vom scharfen und schärfsten. Wer schreit, der lebt. Keine bessere Kratzbürste für die Adern als gebranntes Zuckerrohr. Brennen muß der Hals, ein Brand, den man nur mit Feuer löscht. Und immer was nachgießen, bis alles ertrinkt. Wenn das Kind erwacht, werden seine Augen zwei Regenbogen sein, dann ist sie vorbei, die Überschwemmung.

Es ist der Bauch. Es ist nichts anderes als der Bauch. Würde Fatima sich sonst so wälzen und immer wieder unter die Decke greifen. Hebt doch ihr Hemd. Seht ihr nicht, wie sie den Bauch zerkratzt, aber er ist nicht nur von den Fingernägeln rot. Der Bauch geht auf, wie ein schwangerer Engel liegt sie da. Und behalten tut das Kind auch nichts, obwohl es längst nichts mehr aufnimmt; wo das Kind das alles herholt, was es ständig erbricht.

Da weiß man von einem Fall – es gibt Zeugen dafür,

und warum sollte das nicht auch jetzt so sein – da haben sie das Kind an den Beinen aufgehängt und ließen es zappeln, als wärs geschlachtetes Vieh, so daß der Tod meinte, hier habe er schon alles geholt. Bei seiner Vielbeschäftigung schaut der nicht so genau hin; legen wir den Tod herein, aber warten wir mit dem Auslachen, bis er außer Hörweite ist. Warum sollten es nicht doch die Lungen sein? Der Speichel, der immer weniger rötlich und immer schwärzer wird, kommt aus verrußten Lungen. Unverkennbar das Rasseln. Dagegen kommt das Kind mit seinem Husten nicht an, es verfärbt sich immer schneller, es hört gar nicht mehr auf, blau zu sein. Am Ende erstickt es an dem Husten, mit dem es sich wehrt.

Ein Huhn muß man verbrennen, wenn es einmal so weit ist. Bis es verkohlt. Und den feinen Staub über den Körper streuen; am besten durch ein Sieb, damit er in jede Pore und jede Ritze eindringt. Besser als ein Huhn wäre eine Katze. Hat niemand eine schwarze Katze gesehen? Nur ihre Ohren braucht man, das linke Ohr einer schwarzen Katze. Es ist doch immer eine ums Haus gestrichen. Das habt ihr jetzt davon, daß ihr nach ihr getreten habt.

Es war vielleicht doch falsch, sich mit dem Barbier zu zerstreiten. Natürlich macht der ein Geschäft mit seinem Stein, der aus dem Körper die Feuchtigkeit zieht. Er erbte ihn vom Vater, der hat ihn von seinem Vater geerbt. Der kauft nicht umsonst alle Beutelratten. Er will sie nur wegen der Drüsen. Man müßte einmal in sein Hinterzimmer gelangen. Das steht jedenfalls fest: er hat noch jede Warze weggebracht, die entstand, weil einer mit ausgestrecktem Finger auf einen Stern zeigte.

Ach wo – der Barbier! Es ist die Luft. Es ist mehr die Luft, als man meint. Warum hat das Kind immer draußen gespielt in der Nachtluft. Man konnte rufen, solange man wollte, und nun liegt es da. Man weiß, wie gefährlich diese Luft ist. Ein Windstoß, und das Unglück ist da.

Also, laßt uns beten: Im Namen des Vaters, des Sohnes, des Heiligen Geistes. Wir verfluchen die Luft, die lebende Luft und die tote Luft, die Luft, die lähmt, die lastet, wir verfluchen die Luft im Namen der Dreieinigkeit.

Wenn Sinha Rosa nur noch leben würde. Die trug im Beutel an ihrem Hals ein Stück vom Heiligen Kreuz. Den hat ihr der Hausierer genommen, der sie am Wegrand fand; aber als man ihn selber fand, an einem Baum erhängt, da fehlte der Beutel.

Sinha Rosa hatte am Gürtel nicht nur einen Rosenkranz aus Bernstein, sie hatte auch einen Rautenzweig. Die trieb aus dem Körper, was nicht hineingehörte. Sie hat an der richtigen Stelle zugeschlagen, nur ein paar Mal. Dieser Körper, der immer dem Unterschlupf gewährt, was ihm nicht bekommt, wie dumm er ist und nicht achtgibt, gibt man nicht acht.

Wenn das Kind nur offene Wunden hätte. Hätte es eine Kugel getroffen oder eine Schlange gebissen oder eine Kuh getreten, oder hätte ihm ein Pfahl das Fleisch aufgerissen, als es kletterte. Ja, da wüßte man, was man verbinden und wo man die Salbe drauftun müßte, aber so. Man sollte das Kind rütteln, an ihm zerren, bis es aufhört, verstockt zu sein und endlich zugibt, wo es seine wunden Stellen versteckt.

Seid still, es möchte was sagen. Doch, da sind zwischen dem Stöhnen Worte zu hören. Haltet es fest. Aber warum schaut es uns nicht an. Es redet mit den Ziegeln. Es redet mit dem Stuhl. Nein, es spricht mit sich selber. Aber wer mit sich selber redet, der spricht mit dem Teufel.

Wo sich die alte Conceição herumtreibt. Immer wenn man sie braucht, irrt sie irgendwo durch die Gegend, sternhagelvoll und stockbesoffen. Die braucht kein Kruzifix und keine Salbe. Mit wem sie's auch immer hält, es genügt, daß sie auftritt. Wenn sie ihr zerknautschtes Gesicht zeigt, mit all den Pockennarben, so vielen Stempeln im Gesicht, daß sie bei jedem Zoll durchkommt, ihre Augen, die lallen wie ihr geifernder Mund, und wenn die ihre beiden Hauer zwischen den angefressenen Lippen stellt – da ist noch jede Krankheit erschrocken. Wo sich die Alte nur aufhält. Sonst riecht man sie doch auch von weitem. Zuletzt hat man sie in Boa Viagem gesehen, da hat sie ein Haus gerettet: als sie nach dem Dach sah, erstarrten die Ziegel und fielen nicht mehr herunter.

Kochen wir jetzt einmal Tollkirschen im Sud weißer Zwiebeln. Drei Tage lang dem Kind etwas davon geben, löffelweise, und sonst nichts, und am vierten Tag das Kind ins Freie tragen, es über eine Pflanze halten und pissen lassen; stirbt die Pflanze ab, ist das Gift draußen.

Wenn Fatima nur durchhält. Es ist eine pure Frage der Zeit. Wenn sie nur bis zum Vollmond durchhält. Da kann sich vieles ändern.

Wenigstens hat das Kind noch die Nerven. Sonst könnte es sich nicht aufbäumen wie jetzt. Es schlägt aus, es haut um sich, wie tapfer es boxt. Diese stieren Augen, es hat seinen Feind gesehen und will ihm eins verpassen. Was flattert denn dort in der Ecke? Wär's Nacht, könnt's eine Fledermaus sein. Es sind nur Schatten. Aber wer, wer wirft diese Schatten in die Ecke? Hau Fatima, hau drauflos.

Man muß alles versuchen. Gottlob hat der Buschauffeur sein Versprechen gehalten und ging in Fortaleza zum

Doktor Wurzel. Der ist nicht ohne Grund berühmt. Das ist nicht nur ein Heiler, das ist ein Kundiger, der weiß über alles Bescheid, was er vor sich auf dem Tisch hat, auch wenn er sich nie für einen Rat oder für einen Verkauf von seinem Stuhl erhebt. Seit dreißig Jahren kommt er ohne Mittagessen aus. Von den dreizehn Kindern, die er zeugte, sind elf am Leben geblieben, so gesund ist der Mann. Es hat ihn auch nie jemand spucken gesehen. Er predigt es allen: unsereins, der sonst nicht viel hat, dürfe seine Säfte nicht vergeuden. Der hat durchgestanden, der Doktor Wurzel, obwohl er rachitisch war, sein Rückgrat gebogen und geknickt, als wär ihm einer an die Stange gefahren. Nehmt es genau mit seiner Mischung, der weiß, weshalb er geriebene Schlangenhaut unter die Tamarinde mischt.

Jedenfalls müssen wir uns auch vorsehen, wie er sagt. Wir müssen ausräuchern. Der Schweiß läuft dem Kind nicht nur so übers Gesicht in die Hängematte, der verläuft sich auf dem Boden und klettert an den Wänden hinauf, der kriecht uns über die Füße. Wenn wir nichts dagegen tun, kriegen wir alle den Schimmel und laufen für immer mit einem Pilz herum. Zündet die Räucherkörner an. Wir tragen indessen das Kind ums Haus, sechsmal, soviel Mal wie der Herr Tage brauchte, um die Welt und unseren Nordosten zu schaffen.

Wenigstens schläft sie jetzt ein bißchen, nachdem wir im Ambulatorium waren. Bei einem Arzt, der an Universitäten in die Schule ging, und weiß ist seine Schürze, ich sag euch, auch die Hände, gebleicht. Er kann mit diesen Händen reden, er hat sie dem Kind auf den Bauch gelegt, hat Klopfzeichen durchgegeben wie im Gefängnis und das Kind hat geantwortet, ohne den Mund aufzutun. Er steckte sich rote Schläuche ins Ohr, die vorn in eine Schnauze enden, und dieses Vieh hat die Brust abgeschnüffelt. Dann hat er eine Nadel abgebrannt; er hat in die Luft gestochen, ehe er die Nadel in die Backe stieß, und Fatima hat gewimmert, als ob es im Hintern ein Nest von jungen Hunden hätte. Der Doktor trägt eine Brille, das muß vom Lesen kommen, aber er hat Worte, so lateinisch wie beim Ave.

Das wird auch nicht viel nützen. Ihr werdet sehen. Diese Tabletten und Pillen, die sind aus fremder Erde gemacht und aus Steinen von weither gemahlen. Das ist nichts für unsereinen, die wir die Krankheiten von hier haben und die wir von hier von der Welt gehen. Das ist nichts für uns. Das ist für jene, die an reichen Dingen sterben, und nicht wie wir, an armen.

Dabei hing am Hals von Fatima ein Medaillon. Ein Medaillon des vielgeliebten und vielgeschmähten, des kummervollen und am Ende so Fürbitte-mächtigen Padre Cicero.

Übergroß steht seine Statue auf dem Hügel. Die Knochen aus Eisenstangen und das Fleisch betoniert, zementiert die breite Krempe seines Hutes und der Rosenkranz am Gürtel.

Bei ihm waren sie gewesen, die beiden Frauen, die Mutter und die Tante. Die Mutter hatte schon alle nervös gemacht mit ihrer Fragerei, ob man tatsächlich zwanzig Stunden brauche und ob es nicht gefährlich sei, so lange unterwegs zu sein, zumal noch während der Nacht.

Die beiden Frauen waren gleich nach der Ankunft mit einem anderen Bus in die Nähe des Hügels gefahren, auf welchem die Kolossalstatue steht. Den Rest des Weges wollten sie zu Fuß zurücklegen, schon wegen der Ave-Marias. Von weitem sahen sie die Krücken, Stecken und Stäbe, welche den Weg wie ein unruhiger Zaun markierten. Viel selbstgebastelte Krücken. Äste, etwas zurechtgestutzt, Kisten als Laufgitter hergerichtet und Dreibeiner aus Latten. Kurze Stelzen, auf die man das Knie band, so daß das lahme Unterbein als dürres Anhängsel nach hinten abstand. Sogar ein Spazierstock mit einem Knauf, mehr zum Schwingen gemacht als um sich darauf zu stützen. Und dann die Krücken, wie sie das »Haus der

Barmherzigkeit« verteilte, aus Metall, verstellbar und mit gepolsterten Achselstücken.

Einige Bettler versperrten den Weg, indem sie ihre Krücken und Stecken quer darüber legten. Oder sie versuchten mit ihren Stöcken die Vorbeigehenden anzutippen. So kletterten die beiden Frauen über Hindernisse, sich immer tiefer in ihr frommes Murmeln versenkend; gebückt gingen sie hintereinander, ängstlich darauf bedacht, sich nicht zu verlieren, möglichst in der Mitte, damit man sie nicht an ihren Röcken zerrte oder gar sich daran festhalten konnte. Obwohl es noch früh war, drängten sich die Bettler um die Plätze. Zwischen ihnen einer auf allen Vieren kriechend, die Fäuste mit Lappen umwickelt und an den Knien Lederschoner. Und ein anderer, sich am Boden abstoßend, schob ein Rollbrett nach vorn, auf dem sein beinloser Rumpf stand. Aus einer Hängematte wurde eine Frau umgebettet und am Boden in Decken gewickelt, der Teller fürs Geld neben den Kopf gestellt.

Sie packten ihre Wunden und Geschwüre aus, drapierten Lumpen und Fetzen darum und machten es sich auf dem Boden bequem mit Steinen und Zeitungen. Neben sich oft eine Feldflasche fürs Wasser, Plastiksäcke und vollgestopfte Tragtücher. Aufgeschlitzte Hemden und Hosen wurden mit einer Sicherheitsnadel hochgeklappt, damit man die Stümpfe der Arme und Beine sah. Sie fingerten an Verbänden und legten Hautflächen frei, die löchrig sein konnten, violett und schwarz. Schlechtgewachsenes neben Verkümmertem, Zurückgebliebenes und Angefressenes. Und zwischendurch immer wieder Augen, die nur Augenweiß hatten.

»Das ist wie bei uns am Tag des heiligen Francisco«,

sagte die Mutter. Und die Tante: »Nur, daß dies hier kein Festtag ist, sondern ein ganz gewöhnlicher.«

»Ob der heilige Francisco es uns nicht übelnimmt, daß wir zu Padre Cicero wallfahren«, fragte die Mutter. Und die Tante: »Man sagt nicht umsonst: der Heilige im Haus bewirkt keine Wunder.«

Nachdem die beiden die kurze breite Treppe zum Sockel hinaufgestiegen waren, spazierten sie zwischen den steinernen Sandalen des Paterchens und sahen auf Juazeiro: Der Ort hieß nach einem Baum, einem Aller-Leute-Baum und einem Aller-Tiere-Baum, der auch während der Dürre für die Leute Früchte trägt und fürs Vieh Laub und beiden Schatten gibt.

Als das Paterchen hergekommen war, hatten hier gerade zwölf Steinhäuser gestanden und zwanzig Lehmhütten, und in der letzten hatte eine Mondäne gewohnt.

Nun aber dehnte sich der Ort in alle Richtungen aus. Die ersten Hochhäuser erhoben sich, darunter eine Bank. Es gab mehr als einen Kirchturm. Auch die Methodisten besaßen ein Versammlungslokal, die Adventisten und Spiritisten, und auch die Protestanten waren gekommen.

Denn hier war ein Wunder geschehen. Als das Paterchen seiner Haushälterin an einem Freitag die Hostie reichte, färbte sich diese im Mund der Frau rot.

Aber die Mächtigen und die Oberen wollten nicht, daß in einem solchen Kaff ein Wunder geschehe, wo sich nur Viehdiebe versteckten, die es sich nicht einmal lohnte einzufangen. Die Bischöfe bestimmten, es sei nicht Christi Blut, sonst wäre es dem Paterchen nicht schlecht geworden, als er zum ersten Mal den blutigen Schleim sah.

Man mußte zum Paterchen halten. Dazu waren die beiden Frauen entschlossen, auch wenn es mit den Schikanen längst vorbei war und man dem Paterchen nichts mehr anhaben konnte.

Die beiden hatten sich ein bißchen auserwählt gefühlt, als sie in Fortaleza die Fahrkarten lösten, es waren die letzten. Eine Frau, die zu spät kam, fiel vor dem Schalter auf die Knie und bat nicht länger den Angestellten der Busfirma, sondern den Himmel um einen Platz zum Mitfahren: sie wolle zum Paterchen, ihre Tochter übertrage schon seit drei Wochen.

Die Frauen hatten sich den Besuch des Sterbehauses für später aufgespart. Sie kamen bei den Autobussen, die zurückfuhren, nicht recht draus; aber es fuhren alle ins Zentrum. Beim Markt stiegen sie aus und schlenderten an den Ständen vorbei. Sie verglichen die Preise: Man merkte, daß man hier das Lederzeug selber herstellte. Nicht nur für Viehhirten. Auch Taschen und Koffer. Und die Auswahl der Stoffe. Hier gab es nicht nur eine Hängematten-Fabrik, die recht und schlecht arbeitete. Die hatten Tuchfabriken. Das wirkte sich auch bei den Mustern aus. Und dann die Mosaike, solche hatten sie noch nie gesehen, obwohl sie schon immer gewußt hatten, daß die teuer sein konnten. Wie viele Heftchen über die Schnüre gespannt waren, und an jeder Ecke verkaufte einer die Bänkellieder. Sie hatten hier auch eine Druckerei. Und das alles wegen des Paterchens.

»Die Eisenbahn kommt hierher«, sagte die Mutter. Und die Tante: »Es gibt hier ein Kino, eines, das alle Tage spielt.« Aber die beiden mochten nicht lange vor den ausgehängten Bildern stehen. Es schien mehr ein Männer-Kino zu sein.

Sie beschlossen etwas zu essen, und zwar einen Hot dog. Den hätten sie auch in Canindé gekriegt; aber dort hätten sie sich geniert, in ein Restaurant zu gehen, wo man vorher an der Kasse einen Coupon löst und wo sie einem das Brot in eine Papierserviette wickeln, wo man den Senf selber drauftun darf und sie einem die Zahnstocher hinstellen, ohne daß man darum bitten muß.

Im Sterbehaus schloß ihnen die Wärterin den Glasschrank auf. Die beiden Frauen berührten die Soutane des Paterchens, die sich schmuddelig anfühlte; dann küßten sie die Schuhe, von denen er sich nie getrennt hatte, auch wenn die Sohlen durchgelaufen waren.

Die beiden verweilten vor dem Photo der Haushälterin: Eine Mutter des Erlösers, die aus dem Nordosten stammte, eine Frau von hier mit Negeraugen und wulstigen Lippen, eine Mulattin, der das Kinn vorsprang.

Kaum wagten sich die beiden Frauen ans Fenster, von wo aus das Paterchen gesegnet hatte, von morgens sieben bis abends um neun, und nach Einbruch der Dunkelheit im Schein einer Funzel.

»Da sind sie gestanden«, sagte die Mutter, und sie meinte all jene, welche das Paterchen zu Lebzeiten hatten sehen dürfen.

Als das Wunder ganz neu war, hatte man auch die herbeigeschafft, welche blöd im Kopf und stumpf in den Nerven waren. Die hatten Tag und Nacht draußen gesessen; und weil sie sich auch nicht für ihre Bedürfnisse erhoben, stieg nicht nur ihre lallende Litanei zum Himmel, sondern auch der Gestank trocknender Exkremente.

Aber er hat alle gesegnet, sagte die Wärterin, und die Frauen bekreuzigten sich.

Er hat aber auch Ratschläge erteilt, mit allen hat er geredet. Wenn man nur genau wüßte, was seine Helfer und Helfershelfer für Medizin verteilten:

Den Männern gab er einen Schnaps, aber einen, der in Deutschland gebrannt wurde, und dahinein wurden die Luftwurzeln einer bestimmten Orchideenart gerieben. Den Frauen aber wurden Kartoffeln verabreicht; von der Sorte, welche durch die Därme treibt und den Magen putzt, als müßte er eine Generalbeichte ablegen. Und die Kinder kriegten vom Rizinus, der an allen Wegen wuchs. Auf den Kartoffeln und dem Rizinus lag ein Segen.

Und einen besonderen Trank habe man den Männern verabreicht, die mit schlechten Frauen schliefen, flüsterte die Tante.

Das Paterchen hielt eben zum Volk. Die Tante kaufte eine Broschüre, nicht die ganz große, aber auch in der kleineren hatte es Bilder drin:

Da war eine Zeichnung, wie er zu Landarbeitern redete, welche sich erheben wollten. Er verkündete ihnen, was Gottes Wille sei, und so ließen sie den Aufstand bleiben. Und man sah ein Photo, auf dem er mit Großgrundbesitzern zusammen saß. Die hatten sich in seinem Haus zu einem Pakt getroffen, um ein für allemal mit den Kriegen und Fehden aufzuhören, die sie seit Generationen miteinander führten. Sie ließen die alte Familien-Rache, weil sie einen neuen gemeinsamen Feind hatten, auch wenn es nicht immer leicht war festzustellen, wer es war, der im Volk zu murren begann.

Das Paterchen war auch beim Volk geblieben, als er zum Vize-Gouverneur ernannt und zum Abgeordneten gewählt worden war. Nicht für eine einzige Sitzung verließ er sein Juazeiro. Er wollte bei seinem Volk ausharren und es segnen.

Und das alles wegen der Armen und der Notleidenden.

»Nie hat das Paterchen einem Hilfesuchenden auch nur

einen Cruzeiro abgenommen«, wußten die beiden Frauen. So mußte sich auch jemand anders um die Geschenke kümmern. Es war seine Haushälterin. Nicht die mit dem Blutmund, die war längst gestorben. An ihre Stelle war eine andere Selige getreten. Sie nahm das Geld entgegen, den Schmuck und das Vieh, und sie betreute die Legate und die Testamente. Sie hatte das Wunder nicht im Mund, sondern in den Händen. Das Vieh vermehrte sich auf wunderbare Weise, und die Zäune steckten immer größere Ländereien ab. Als das Schlachthaus gebaut wurde, beteiligte sie sich daran. Und als das Elektrische kam, rief sie nicht einfach »Licht! Licht!«, sondern sie nahm Aktien darauf.

Das Sterbebett war frisch überzogen. Auf dem Kissen lag ein Photo des Paterchens. Die Frauen beugten sich zum runden Gesicht mit seinen gütigen Falten und dem kurzen weißen Haar. Die Frauen konnten sich überzeugen, daß die Kränze ganz frisch blühten, obwohl es über dreißig Jahre her war, daß sie bei der Beerdigung des Paterchens mitgeführt worden waren.

Als die beiden vor dem Sterbebett knieten, stupfte die Mutter die Schwägerin, und die holte aus der Tasche die Liste hervor, auf der sie zu Hause aufgeschrieben hatten, wofür sie beten wollten. Sie teilten die Anliegen auf. Die Mutter übernahm die Gesundheit, die für die Kinder, für den Mann und für sich selber, dann die Arbeit und die Miete, den neuen Kocher und fürs Kerosen, den Reis, den Maniok und die schwarzen Bohnen und für mindestens ein Paar neue Schuhe. Und die Tante betete fürs Wetter, dafür, daß sie bei der Patronin weiter arbeiten durfte und daß die ihr die abgetragenen Kleider schenkte, für ein paar Ziegel, für die Verstorbenen und für den Bruder, der im

Gefängnis saß, dafür, daß die Verkäuferin der »Casa Santos« endlich ihre Strafe kriegt, und dann fügte sie bei: Man möge ihr nicht immer heimlich ans Geld gehen, und sie bat das Paterchen, wenn es Zeit habe, möge es sich einmal umschauen, ob sich im Nordosten nicht ein Lastwagenchauffeur findet, der sie besuchen komme, von Zeit zu Zeit wenigstens – die beiden letzten Bitten waren Posten, die sie nicht auf der Liste aufgeführt hatte. Die Medaillons, welche die Frauen darnach kauften, erwarben sie von der Frau, die das Sterbehaus hütete. Es sei vor kurzem, welch wunderbarer Zufall, eine ganze Kiste mit Medaillons gefunden worden, die das Paterchen noch selber gesegnet habe.

Dann suchten die Frauen im Sterbehaus auch die hinteren Säle auf. Da waren geheimnisvolle Dinge zu sehen: Knochen von übernatürlichen Tieren aus der Zeit vor der Sintflut. Im gleichen Saal lebten Fische, weil sie versteinert worden waren, und hinter schmierigen Glastüren setzten noch immer Vögel zum Flug an, weil man sie ausgestopft hatte.

Zum Paterchen wollten die beiden Frauen noch einmal hin, als Fatimas Bauch anschwoll. Mindestens eine sollte mit dem Kind nach Juazeiro, am besten die Tante, die gewohnt war zu reisen.

Aber als die Tante den Plastikbeutel, den sie unterm Rock trug, hervorholte, zählte sie nicht nach, ob es für den Bus und vielleicht für eine Übernachtung reiche, sondern sie rechnete aus, was der Stoff und die Zutaten kosteten, damit die tote Fatima zu einem schönen Kleid komme.

Ein schönes Kleid soll Fatima kriegen, man soll nicht gleich sehen, aus was für Verhältnissen sie stammt.

Die Tante weiß, was man trägt. Sie hat schließlich in Fortaleza gearbeitet, und dort in Stellungen, wo sie nicht jede Hergelaufene nehmen, vielleicht wäre es trotz allem besser gewesen, wenn sie geblieben wäre. Kinder hin oder her.

Ein Kleid muß es sein, wie es die Damen und Dämchen tragen, wenn sie in der Zeitung abgebildet sind, wo man erfährt, bei welchem Anlaß und in welchem Klub wer war und wer sonst noch eingeladen wurde.

Umsonst bewahrt sie nicht die Illustrierten auf. Auch wenn sie wie der Teufel aufpassen muß, weil die Kinder immer dran gehen und gerade die schönsten Seiten herausreißen. Würden sie's aufhängen, wär's ja noch gleich, aber es liegt ja doch nur herum.

Früher hat ihr ein Lastwagenchauffeur manchmal ein paar Zeitschriften gegeben, wenn sie zu ihm in den Führerstand kletterte, aber die Firma hat die Route geändert. Am liebsten hat sie die »Vereinigten Herzen«, obwohl die Zeitschrift für »Mode und Frau« und für das »Zeitgemäße Heim« viel teurer sind. Aber in allen liest sie von Zeit zu Zeit gerne ihr Horoskop nach.

Auch wenn es nicht die neuesten Nummern sind, für hier sind sie noch lange nicht veraltet. Auf jeden Fall steht darin, was man trägt. Am Morgen und für den Nachmittag und was man zum Cocktail anzieht und was bei jeder Hochzeit Anklang findet. Aber so lange man auch blättert, ein Schnittmuster für ein Totenhemd findet man nicht, dabei könnte das hierzulande ein Schlager sein.

Etwas modisch dürfte das Kleid schon wirken. Obwohl man meinen könnte, die kennen im Himmel oben keine Mode, wenn man sieht, was für Röcke die Heiligen in der Kirche tragen. Aber es ist wohl was anderes, eine Ewigkeit lang auf einem Sockel zu stehen, als sich für einen Sarg herzurichten.

Ein Umlegekragen, das nähme sich recht hübsch aus, aber vielleicht ist es doch eher was fürs Freie. Da wäre die Bordüre schon angemessener, etwas, das man auch in der Television sehen könnte.

So was kriegt man hier natürlich nicht. In der »Casa Santos« wird sie schon gar nicht fragen. Die nehmen für eine Bluse, was man anderswo für ein Kleid bezahlt, und erst noch für was für einen Fetzen. Aber hier kann man den Leuten jeden Dreck verkaufen, die fragen hinterher höchstens, wie poliert man den.

Auf dem Markt, da könnte man wenigstens aussuchen. Aber so lange kann man nicht warten. Bei der Hitze sicher nicht. Fatima hat bereits auf dem Rücken blaue Flecken, und der Hintern ist violett, als ob sie Prügel gekriegt hätte. Jetzt fängt es auch im Gesicht an, aber das kann man pudern.

Viel Zeit hat sie nicht fürs Kleid. Obwohl man auch nicht so pressieren muß, wie die tun. Das Kind könnte ruhig noch eine Nacht daliegen, auf das kommts wohl nicht drauf an. Man müßte das Wachstuch drüber legen und den Hund aussperren. Wo die das Gesetz herhaben, daß einer in vierundzwanzig Stunden unterm Boden sein muß.

Sie wird das Kleid von Hand nähen. Die Patronin würde ihr sicher die Nähmaschine leihen. Sie hat der Senhora die Nadel ersetzt, als sie das letzte Mal was Eigenes drauf nähte. Aber sie läßt es lieber bleiben. Die Patronin zieht nachher für die Gefälligkeit viel mehr Stunden ein, als es kosten würde, wenn man bezahlen könnte. Sie braucht gar nicht nachzuschauen, was im Koffer ist. Da liegt ihr Kleid, das sie zuweilen hervorholt, um es vor sich hinzuhalten und es in einem Scherben von einem Spiegel zu bewundern, wo man auch nicht viel mehr sähe, wenn er noch ganz wäre.

Aber rote Blumen – nein, so schön die sind, das ist nichts für Fatima. Sie soll nicht was Dunkles tragen. Weiß muß der Stoff sein, ganz weiß, ein Weiß, an dem keine Männerhand herumgefummelt hat.

Ein Büßerhemd schon gar nicht. Sollen die anderen ihren Toten Büßerhemden anziehen. Diese braunen Kutten. Ein so kleines Kind, das hatte gar keine Zeit, sich den Himmel zu verscherzen. Ein Büßerstrick, gut, soweit ist das schon recht.

Es bleibt immerhin das Nachthemd. Wie dumm die andern dreinschauten, als sie es ausgepackt hatte. Die meinten, zum Schlafen ziehe man sich einfach aus. Dabei hockten die Männer doch im Pyjama herum, aber die wissen nicht einmal, daß dies ein Schlafanzug ist. Wenn sie sich das Nachthemd gekauft hatte, dann nicht so sehr, um darin zu schlafen, haben wollte sie eins.

Es ist jedenfalls ein langes und ein weites Hemd, wie gut, daß sie damals nicht den durchsichtigen Stoff gewählt hat. Wenn sie am Nachthemd herumschneidert, ist das Kränzchen kein Problem, und sie kann unbekümmert den Strauß mit den Stoffblumen kaufen. Und ohne Kränzchen sollte man Fatima nicht in den Sarg und in den Himmel lassen. Sie braucht unten am Hemd nur abzuschneiden. Wie groß Fatima geworden ist. Wenn sie herumrannte und herumhockte, war sie immer die Kleinste und die Kleine. Sie scheint über Nacht gewachsen zu sein. Ob man deswegen die Toten bewacht. Damit sie nicht immer größer und so groß werden, daß sie am Ende in keinen Sarg mehr hineinpassen.

Kleinlich darf sie nicht sein mit dem Stoff. Es soll kein enganliegendes Kleid abgeben, das sieht gleich unanständig aus, das könnte auch reißen, wenn Fatima hinkniet. Falten muß das Kleid haben, ganz viele, eine Glocke von Falten. Und dann muß das Kleid lang sein; wer weiß, vielleicht tragen die im Himmel Schuhe; wenn das Kleid bis zu den Füßen reicht, sieht man nicht gleich, daß Fatima barfuß ist. Wenn sie unten zuviel abschneidet, hat sie oben nichts mehr, jedenfalls nicht mehr so viel, was noch als Nachthemd zu gebrauchen wäre. Obwohl, die kurzen sind jetzt Mode. Und eines Tages wird sie das Nachthemd tragen, da können die Augen und Sprüche machen, soviel sie wollen. Aber für den Rücken braucht es nicht unbedingt Stoff. Überhaupt, ohne Rücken läßt sich das Kleid auch leichter überziehen. Fatima wird immer steifer und störrischer, und sie selbst kommt mit dem Nähen gar nicht nach. Und dann nehmen sie immer wieder die Schere weg, um an ihrem Kreppapier herumzuschnitzeln. Auf jeden Fall wird sie die Ärmel erst einsetzen, wenn sie dem Kind das Kleid übergestreift hat.

Und erkälten wird sich das Kind auch nicht im Himmel. Jedenfalls hat man noch nie gehört, daß ein Engel gestorben ist, wohin sollten Engel auch kommen, da sie doch schon im Himmel sind.

Fatima wird wohl nicht gleich dem Lieben Gott den Rücken zeigen. Es wird da oben viele andere Kinder geben, und noch lange nicht alle werden ein so schönes Kleid haben wie Fatima. Und wenn der Liebe Gott dennoch ihren nackten Rücken sieht, wird er schon selber wissen, was für bedürftige Engel es in seinem Paradies gibt.

Auf die Welt gekommen aber bist du, Fatima, an einem Ort, der für seine Wunder berühmt ist.

Was liegen in deinem Saal der Wunder Arme und mannsgroße Beine auf dem Boden, Köpfe mit halben Hälsen und Herzen mit angeschnittenen Gefäßen, so viele Hände und Füße, durcheinander und geschichtet, hingeworfene Zehen, die Knie verstreut und verlorene Augen –

als habe sich eine hölzerne Schar lautloser Wesen hierher geschleppt, hunderthändig und tausendfüßig, alle an Ort und Stelle zusammengebrochen, und jedes in seine teilnahmslosen Glieder zerfallen, die Schnur gerissen und der Draht durchgescheuert.

Aus ihren Teilen hast du, Fatima, deine Puppen zusammengesetzt, auch wenn es Puppen wurden, die du nie in den Arm genommen hast.

Für deine Männchen und Weibchen hat dir oft der Rücken gefehlt, und du fandest in dem Haufen, auch wenn du hättest wühlen dürfen, keinen passenden Bauch und nicht genügend Rippen. Du mußtest die Beine an den Schultern aufhängen und die Hälse an den Nasen befestigen. Aber es standen hier überall längst nicht mehr benutzte Krücken herum.

Es paßte kaum ein Bein zu einem zweiten; jedes, das zu kurz war, zog ein paar nach, die noch kürzer waren. Auch die Finger hinkten; es klatschte immer eine zu große Hand in eine, die zu klein war. In deinem Ringelreihen tanzten lauter linke Füße, und für deinen Purzelbaum überschlugen sich Ellenbogen um Ellenbogen. Dafür besaßen die Knie Augen, und den Herzen wuchsen Ohren.

Wenn du dich auf die Zehen stelltest, sahst du, was auf dem Tisch ausgebreitet war: noch mehr Arme und noch mehr Beine; die Ohren, Nasen und Augen in Schachteln nach Größe und Preis geordnet wie die geweihten Kerzen daneben. Glieder, die niemandem gehörten und die jedes für sich darauf warteten, bis endlich einer kommen würde, um sie zu brauchen.

Denn in deinem Saal der Wunder war nicht nur der Boden bedeckt mit dem, was das Wunder beschwor, auch eine Wand war voll Trophäen, gebündelt und auf Tablaren ausgestellt. Aber was an Nägeln hing und auf Gestellen zur Schau geboten wurde, war nicht wie das auf dem Boden hinter den Abschrankungen aus Holz.

Nicht aus einem Holzklotz, an dem solange gefeilt worden war, bis dieser die abgerundete Form eines Kopfes zeigt, mit einem stumpfen Messer die Höhlen für die Augen hineingestochen, und auf den Schädel ein Büschel Haare genagelt. Das war nicht geschabtes und poliertes Holz, in den Händen und Füßen Betten für Nägel ausgehoben, die nicht kratzten, und zuweilen ein roter Fleck, als ob aus dem Holz nicht Harz, sondern Blut austrete.

Was vom Ladentisch an die Wand und auf die Gestelle kam, war aus Wachs, mit dem dünnen Schimmer einer bleichen Sonne darin, leer die Mägen und hohl die Herzen; auch durch die Finger und Zehen schien ein gelbliches Nichts, frei von Adern und Nerven. Glieder und Organe in der Fabrik verfertigt, in riesigen Kesseln geschmolzen und in Formen gegossen, die Verbindungsnähte abgeschliffen, wegen der Nachfrage in Serien hergestellt und für den Wiederverkauf im Dutzend gehandelt.

Da glich eine Schulter der andern, so himmelweit verschieden auch die Lasten waren, von denen sie befreit werden wollten.

Allen Gesichtern schmiegte sich die gleiche Locke in die Stirn, die Lippen formten sich zum vorgegebenen Lächeln, so menschenweit verschieden auch die Leiden wären, würden sich die wächsernen Münder öffnen.

Es haben sich aber Münder geöffnet, und nicht nur, um zu schreien. Nicht nur solche aus Wachs oder Plastik, sondern solche mit feuchten Lippen.

Dein Saal der Wunder war voll Geschichten:

Da erzählt das Schiff, das vollbeladen mit Fässern und vollbehangen mit Fahnen in der Ecke durch die Luft fährt, wie ein Mann ins Wasser fiel und wie sich die Wolken öffneten und ein Rettungsring herunterschwebte.

Da erzählt ein Unterhemd vom Sieg eines Klubs, wie die Fußballer zu den regionalen Spielen fuhren und auch dort der Himmel den Ball zweimal ins feindliche Netz lenkte.

Und da erzählt das Rad mit dem angesengten Pneu vom Auto, wie es gegen eine Mauer prallte, eine Stichflamme aufschoß und alle heil aus dem zerbeulten Wrack geklettert sind.

Aber es gäbe in deinem Nordosten noch ganz andere Geschichten. Nicht nur all die, welche im Hinterland zwischen den Kakteen wachsen und mit dem Vieh brüllen, und nicht nur jene, die Feld um Feld an der Küste gedeihen. Wieviel Geschichten nur schon, die mit den Bächen versickern, und jene, die sich wie Inselberge erheben. Gedrängte Geschichten, voll von Blut und Kot, und andere angerührt wie Tapioka und gepreßt wie Zuckerrohr. Bananen-lange und Maiskolben-dicke. Lustige Geschichten und solche, von denen einem auch die Tränen kommen. Plätschernd wie ein Swimming-pool im Klub, eng wie eine Zelle und ausholend wie Latifundien. Vorgetragen von Bänkelsängern oder einfach mit dem Dolch erzählt. Pointenlos, obwohl ein Schuß fällt, und sich verlierend wie ein Trampelpfad. Geschichten, übervölkert von Räubern und Büßern, in denen nicht nur Wurzeldoktoren, sondern auch Statistiker vorkommen. Voll von Verrückten, die genauso Hunger haben wie jene, die nicht spinnen. Arbeitslose Geschichten, die einen Erzähler suchen, auf festgestampfter Erde stehend und aus Holzlatten und Blech gezimmert. Geschichten, welche die Schule besuchten, und andere, die nur von Ohr zu Ohr gehen. Hundertmal angefangene Geschichten und immer wieder die gleiche und darunter jene Geschichte, die alle neun Monate eine kleine neue gebärt.

Voll von solchen Geschichten war dein Saal der Wunder. Dein Vater hat dich zum ersten Mal dorthin mitgenommen. Aber du bist wie alle Kinder auch sonst gern hineingeschlichen, obwohl der Wärter Kinder im Saal der Wunder nicht mochte, die langten nach allem und kletterten über die Abschrankung.

Dein Saal der Wunder war dein Bilderbuch. Du hast nie eines aus Papier besessen und wärst auch kaum zu einem solchen gekommen. Dafür hatte dein Bilderbuch vier Wände, die Bilder reichten bis zur Decke, und es kamen immer neue hinzu.

Da hing das Bild der Frau, die im Lichtstrahl, der durchs Fenster fiel, ein Kind hochhielt; ihr Bauch war nicht, wie sie selber anfing zu glauben, ein ausgetrocknete Boden.

Da war das Bild der Kuh, die von alleine zurückkehrte, als wäre sie nicht davongelaufen; so vertrieb der Patron den Pächter nicht, obschon dessen Frau und Kinder bereits auf der Straße auf ihren Bündeln saßen.

Und das Bild von der Presse, die nach den Fingern eines Mannes schnappte und sie mahlen wollte, als wären sie Zuckerrohr, aber der Mann zog die Hand aus dem Zahnrad, als hätte er sie ins Wasser gesteckt.

Was für ein Bilderbuch, und erst noch ein Photo-Album. Aber nicht eines, in dem man blättert, sondern wo man immer weiter hinaufschauen muß bis zur Decke.

So viele Männer und Frauen, die herabsahen, wenn du unten standest. Die meisten allein auf dem Bild, aber auch Paare. Zuweilen mit Kindern, diese wiederum für sich allein und gelegentlich mit Geschwistern. Hergerichtet die Kleider und der Blick, fast erschrocken, mit verbissener Zuversicht und hilflos frohlockend. Und viele nackt, ihre gesunde Haut und ihre geheilten Körper zeigend.

Ein paar in Uniform, wie der Matrose, der das Fieber überstand. Und ein Polizist, die Hand am Patronengürtel. Und mittendrin ein Röntgenbild, die Säule eines Brustbeins mit den Rippenbogen als schummriger Dom.

All die Photos und die wächsernen Herzen, die gebastelten Ohren und die geschnitzten Finger, die Gesichter aus Holz und das Bett auf dem Pappdeckel, das Blut aus dem Farbtopf, die immer gleichen Locken und die angeschnittenen Gefäße, die halben Hälse und die baumelnden Nasen und die Augen ohne Glanz –

sie mochten nur noch ans Wunder glauben und waren bereit Zeugnis abzulegen, es mit Blindenstock und

Krücke zu beweisen, nicht mehr gebrauchte Verbände und Lumpen zu hissen und jedes Photo mit Datum und Unterschrift zu versehen.

Auch von dir, Fatima, haben sie ein Photo gemacht. Aber dein Bild kam nicht in den Saal der Wunder.

Aus diesem Saal der Wunder sind viele deiner Puppen weggezogen.

Nicht nur hinters Kloster, wo die Franziskaner neben dem Tierpark ein Museum einrichteten. Mit Vorliebe haben sie dorthin die Puppen geschafft, die Röcke, Hosen, Bikinis und Büßerhemden anhaben.

Ganz verloren waren sie für dich nicht, Fatima, auch wenn man von nun ab Eintritt bezahlte. Standest du unter der offenen Tür, konntest du hinterm Abschrankungsseil ein Gestell voll von bekleideten Puppen sehen, und daneben den abgebrochenen Propeller mit dem Photo des Piloten drauf.

Die Wärterinnen hätten dich sicher einmal eingelassen, auch wenn du kein Ticket gelöst hättest. Du warst schließlich von hier, und sie hätten dich und die anderen Kinder nur schon deswegen eingelassen, damit ihr nicht immer vor der Tür herumsteht und den Eingang versperrt.

Dann hättest du gesehen, wozu das Sanktuarium im Lauf der Zeit gekommen ist. Die vielen Taschenuhren und die Ketten mit Edel- und Halbedelsteinen daran, Broschen, Armbänder, Ringe und Ohrgehänge. Ein Schmuck, für den der Occasionshändler nicht unbedingt die Lupe braucht, um den Wert zu taxieren.

Und in den Schaukästen hättest du Waffen bestaunt. Revolver von müd gewordenen Pistolenhelden und von reuig gewordenen Mördern. Ausgediente Modelle aus altem Familienbesitz und noch durchaus Brauchbares und Schießfertiges. Und auf einem Stück Samt ein Projektil, das nicht nur vom Rost rot war.

Wärst du in den nächsten Saal gegangen, hättest du alte Nähmaschinen sehen können, Mandiokamühlen von früher und eine der ersten elektrischen Hostienpressen.

Viele deiner Männchen und Weibchen aber haben Canindé für immer verlassen. Die meisten von denen, die am Rumpf Scharniere und Drähte haben, um Arme und Beine zu bewegen. Puppen mit Hälsen und Köpfen drauf. Doch haben sie auch eine große Schar vereinzelter Finger, Ohren und Füße mitgenommen.

Es waren gerade die Stärksten, die weggegangen sind. Auch bei den Leuten gehen die, die Kraft haben, oder meinen, welche zu haben, oder hoffen, daß sie sich im gegebenen Augenblick einstellt; auch sie nehmen immer ein paar Schwächere mit, obwohl sie die ganz Alten gewöhnlich zurücklassen.

Die Puppen haben den gleichen Weg eingeschlagen; an die Küste und in die Großstädte. Doch die Puppen haben in den Metropolen des Südens Karriere gemacht. Sie mußten sich nicht wie die Leute in Baracken einrichten, irgendwo am Rand der Stadt, abseits von all dem, um dessentwillen sie hergekommen sind.

Die Puppen kamen an teure Adressen. Sie wurden numeriert und einige gegen den Holzwurm gespritzt und auf Sockel gestellt. Bei Gläsergeklimper und Blitzlicht, bei viel Umarmung und kleinem Geplauder wurde die feine Zeichnung ihrer Augenbrauen und die Linienführung ihrer Nasen bewundert, und manch empfindsamer Sammler beugte sich zu ihnen, um dem ergreifend einfachen Ausdruck von Schmerz etwas näher zu sein.

Doch die meisten Puppen, die dein Canindé für immer verlassen haben, gingen nicht so weit. Sie begaben sich an die Küste nach Fortaleza. Auch dort befindet sich ein Museum. In einem früheren Gefängnis. Nicht, daß man die Gefängnisse aufgehoben hätte; aber man ist nicht mehr auf dicke Festungen angewiesen, seitdem es schalldichtes und schreischluckendes Material gibt.

Die Gefängnismauern wurden ausgebessert und getüncht. Es sind nicht mehr Gefangene, die Namen und Jahreszahlen auf Wände ritzen; jetzt schreiben Touristen auf die Blätter der Agaven, wie sie heißen und wann sie da waren; manchmal zeichnen sie ein Herz dazu und einen Pfeil hinein. Im Innenhof werden nicht mehr Verurteilte für ein paar Viertelstunden im Kreis herumgeführt. Jetzt flanieren schon am Vormittag Besucher von auswärts. Man kann den ganzen Tag was essen und trinken und unter Bäumen sitzen, in deren Ästen Lautsprecher wie Vogelnester angebracht sind.

Und wenn man ringsum Scheinwerfer installiert hat, dann nicht, um nach Einbruch der Dunkelheit den Innenhof so auszuleuchten, daß jeder, der flieht, erwischt wird. Sondern die Lichtkegel verhelfen den Simsen und Bogen, den Treppen, Arkaden und Mauervorsprüngen zu Stimmung. Die Zellen wurden zu kleinen Läden umgebaut: wenn man sie nach wie vor abschließt, dann nicht wegen der Diebe, die darin sitzen, sondern wegen solchen, die von außen kommen könnten.

Hier, in den Ladenstraßen, kann man finden, was das Volk alles herstellt. Du hättest dich gewundert, Fatima, was das Volk alles aus den Häuten seines Viehs macht. Natürlich werden hier nicht lederne Schutzhosen angeboten, welche die Viehhirten vorbinden, wenn sie durch das dornige und stachlige Gestrüpp reiten. Dafür Lederwesten in allen Größen; um die zu tragen, braucht man kein arides Hinterland. Also weniger Feldflaschen, dafür mehr Koffer aus glänzendem Fell, Umhängetaschen und Portefeuilles und bestimmt die klappbaren Feldstühle und Feldtische mit präparierten Lederüberzügen fürs Picknick.

Und was das Volk aus dem Sisal seiner Agaven verfertigt. Nicht so sehr die Stricke, die es für die Arbeit benötigt und die ihm manchmal die Haut an den Fingern aufreißen. Hingegen geflochtene Matten und Storen und geknüpfte Aufhänger für Blumentöpfe. Wenn man Seile sieht, gewöhnlich nur kurze Stücke, aus denen sich Figuren drehen und binden lassen wie Eselchen oder Pferdchen.

Und wofür das Volk seine Bäume benutzt, die Schreinerholz abgeben. Für Mörser und Zigarettenschachteln, für Serviettenringe und Lampenständer. Das Volk scheint nicht Beile, Äxte und Sägen in die Hände zu nehmen, sondern Spachteln und feingeschliffene Messer, um zu schnitzen. Um Reliefs herzustellen mit Wäscherinnen drauf, mit Männern und Kindern, die Carnaúba-Blätter sammeln, Fische verkaufen oder Zuckerrohr tragen, und immer wieder mit einem Wasserfall und einer Sonne, die auf- oder untergeht.

Und was das gleiche Volk aus seinem Boden hervorholt. Nicht indem es diesen Boden bepflanzt, sondern indem es einer Handvoll Erde Wasser zufügt und solange dran knetet, bis es jenen feuchten Dreck erzielt, von dem der Padre sagt, aus ihm habe der Liebe Gott die Menschen geschaffen – und wenn die Menschen in deinem Nordosten immer ein wenig ausgemergelter seien, dann wohl deswegen, weil dem Lieben Gott hier für die ausgeglichene Mischung zu wenig Wasser zur Verfügung stand.

Aus seiner Erde modelliert das Volk seine Ebenbilder: den Alten, der das Pfeifchen schmaucht. Die Frau am Boden neben den Körben kauernd. Den Bauern mit dem Ochsengespann und den Bananenverkäufer mit der Stange auf den Schultern, an deren beiden Enden Körbe baumeln. Musikanten mit Instrumenten, allein oder in Gruppen. Neger, die auf dem Nachttopf sitzen, und Indianer, die den Bogen spannen. Einen, der auf dem Schragen liegt und dem der Doktor alle Gedärme hervorholt. Und einen anderen, der jemanden aufsucht, der eine Schreibmaschine besitzt und Formulare ausfüllen kann.

Und was das gleiche Volk alles webt und stickt, klöppelt und häkelt –

du hättest gestaunt, Fatima, wenn du die Decken gesehen hättest, die Untersätze und Bettüberwürfe, die das Volk herstellt. Das hatte mit dem Wachstuch bei euch zu Hause nichts zu tun.

Kleider, zart wie Spinngewebe, Blusen mit durchbrochenen Göllern, Röcke, an den Ausschnitten und Ärmelabschlüssen bestickt, und die Spitzen an den Schals. Das hatte nichts gemein mit der bedruckten Baumwolle eurer Röcke und schon gar nichts mit den Hosen deiner Brüder, jenem Kunsthandwerk von so viel Flicken und so wenig Stoff.

Aber es verhielt sich ja nicht immer so, daß das Volk benutzt, was es herstellt, und trägt, was es verfertigt. Es kann die feinsten Taschentücher sticken, während es selber die Nase mit den Fingern putzt und mit dem Handrücken über die Augen wischt.

Und doch, Fatima, du hättest hier Dinge gefunden, die dir vertraut sind. Oben im ersten Stock des mittleren

Gebäudes, wo auch deine Puppen aufgestellt sind. Dort ist jeder Gegenstand genau angeschrieben.

Wie die Jangada mit dem Dreiecksegel, das Floßboot, auf dem man zu viert auf die hohe See hinaus zum Fischen fährt und wozu als Anker ein großer Stein gehört, um den man eine Lattenpyramide bindet.

Wie das Ochsengespann, dessen beide Räder keine Speichen haben, sondern aus Brettern bestehen, die auf einen Kreis zugeschnitten werden und die man mit einem Eisenband beschlägt.

Hier hättest du Gegenstände gefunden, die es auch bei euch zu Hause gibt. Die man in Canindé auf dem Markt findet. Überall dort, wo man auch Stacheldraht, Nägel, Sägeblätter und Mausefallen kauft. Und du hättest gewußt, wie man diese Gegenstände herstellt:

Man schneidet aus einem Blech ein rundes Stück. Mit einem Nagel hämmert man Löcher hinein, sternförmig oder im Kreis, dann lötet man außen herum ein schmales Blechband an, und schon ist das Sieb fertig.

Man nimmt ein anderes kleines Rundstück; wenn man die Löcher hineingeschlagen hat, lötet man in einem steilen Winkel dazu ein langes schmales Stück Blech daran, damit das eine Kelle abgibt.

Und wenn man das Stück Blech mit der Zange so biegt, daß oben eine breitere und unten eine schmalere Öffnung entsteht, und wenn man ein kurzes Stück Blech zu einem Röhrchen rollt und es an der unteren Öffnung festmacht, hat man einen Trichter.

Diesen Trichter kann man auf den Kopf stellen, nachdem man die obere Öffnung abgedeckt hat. Dann füllt man Steinchen oder Sand hinein, damit sich ein standfester Fuß ergibt. Aufs Ganze wird eine Konservendose gelötet, die man kaum zu bearbeiten hat. Nur oben muß man ein Loch hineinschneiden, in das man den Docht steckt, und bereits ist eine Lampe da.

Wer helleres Licht will, der nimmt ein Stück Blech und poliert die Innenseite, bis sie wie ein Spiegel glänzt, den man hinter der Öffnung für den Docht anbringt. Man kann auch eine Glühbirne benutzen, eine ausgediente, aber es ist nicht leicht, an der Birne die Kappe abzuschneiden und sie über den Docht zu setzen, ohne daß das Glas kaputt geht.

Hier fändest du, Fatima, eure Teller und Becher wieder, euren Trichter und eure Lampen, die Kelle und das Sieb – lauter Erzeugnisse eurer volksverbundenen Blechkultur aus dem letzten Drittel unseres Jahrhunderts.

Aber das, Fatima, genau das ist unsere Chance. Natürlich, Fatima. Eröffnen wir selber ein Museum. Wir haben alles dafür.

Ein Museum an Ort und Stelle. Ein echtes Museum. Und echt ist doch eure Hütte. Das Gerippe aus Stecken und Latten, zusammengebunden, mit Sperrmüll ergänzt und mit Brettern vernagelt. Echt ist der Lehm, der dazwischengestrichen wurde. Und wie die Wände mit ihren Ritzen ursprünglich wirken, in der Wärme gesprungen und bröckelnd. Wir lassen das Stück Eternit, mit dem der Vater die Rückwand flickte. Und im Innern natürlich die gestampfte Erde mit dem darüber gestreuten Sand.

Dann stellen wir auf der Holzkiste neben dem Kocher Gegenstände auf. Nicht zu nahe beieinander, damit man die Exponate gut zu unterscheiden vermag: den Trichter, die Kelle und die Lampen. Die Blechkanister haben wir auch schon. Zwei tun wir vielleicht neben den Tisch auf den Boden und den dritten aufs Wachstuch. Dort gruppieren wir das Geschirr, die verschiedenen Konservendosen: die große ovale, in der einmal Sardinen waren, und die runde große, wo Marmelade drin war, die beiden Schüsseln, daneben die kleineren Büchsen und Dosen als Teller, Tassen und Becher.

Nur die Löffel, die müssen wir ersetzen. Die sind aus Plastik. Und das geht nicht. Ein Museum muß stimmen. Unser Museum ist der Blechkultur gewidmet. Jener

Blech-Epoche, die heute überall durch die Plastik-Epoche verdrängt wird.

Wir lassen den Kalender an der Wand. Auch wenn er von Anfang an nie zwölf Blätter gehabt hat. Wir lassen ihn dort, wo auch das Bild des heiligen Francisco hängt. Neben den Photos, die mit dem Reißnagel festgemacht sind. Neben den Ausschnitten aus einer farbigen Zeitschrift: eine Frau mit einem Glas in der Hand. Darunter häufeln wir die Illustrierten der Tante, wir legen die Schere drauf, leicht geöffnet, als ob sie eben noch benutzt worden wäre.

Fatima, es muß echt wirken. Nur den Eindruck vermeiden, wir hätten irgendwas arrangiert. Man darf auch alles anfassen. Nur vor der Lampe mit der Glühbirne, einem Unikat, stellen wir ein Täfelchen auf: »Bitte nicht berühren«.

Aber alles andere belassen wir. Ganz sicher die Hängematte. Die hundertmal gewaschen wurde und ebensooft neben dem Stauweiher zum Trocknen lag oder am Kakteenzaun hing. Die Hängematte, in welche die Kinder genäßt haben und an der man sich die Finger abstreifte. Ausgewaschen und ausgewrungen. Die Hängematte, mit welcher sich der Vater über die Stirn wischte und mit der die Mutter manchmal zwischen die Beine fuhr. Herausgewaschen aller Schweiß und alles Blut, und doch sind kleine Ringe zurückgeblieben, auch von dem, was darauf verschüttet wurde. Immer ein Stück bunter geworden dank des Fadens, mit dem man flickte. Die Farben nicht weggewaschen, sondern ineinander übergeflossen, sie haben einander durchdrungen, eine Farbkomposition, wie sie so typisch nur das Volk besitzt.

Vor der Hütte aber schlagen wir einen Stecken in den

Boden, nageln einen Karton daran, schreiben »Museum« drauf, und du, Fatima, darfst den Pfeil malen.

Die Schwestern setzen wir auf den Boden. Die verkaufen als Eintrittskarten Flaschendeckel. Sollte der Besuch einmal flau sein, können sie damit Mühle spielen.

Alle werden zu tun haben. Nun kann der Vater typisch auf dem Schemel vor dem Haus sitzen und lange in die Gegend hinausschauen, von Zeit zu Zeit seinen Hut verrücken und sich kratzen.

Auch die Mutter und die Tante beschäftigen wir. Denn die Besucher wollen bestimmt essen. Errichten wir also draußen eine Garküche. Auf vier Stecken legen wir ein Dach aus Palmblättern. Darunter stellen wir auf eine Kiste den Kocher und einen Kanister mit Wasser; wir lassen Platz für einen zweiten Kocher. An einen Stecken hängen wir wieder einen Karton und schreiben groß darauf, was es alles zu essen gibt, und ein bißchen kleiner dahinter die Preise. Wir schreiben die Speisekarte nicht ganz fehlerfrei, damit es typisch halb-analphabetisch wirkt.

Dann lassen wir die Frauen arbeiten. In den gekochten Mais Kokos reiben, damit wir Munguzá anbieten können, Maismehl und Mandiokamehl mischen und Kokos hineintun, damit wir Tapioka kriegen. Sie sollen aus gemahlenem Mais und Mandioka Cuscus zubereiten. Wenn sie in den Maisbrei Butter und Zucker hineintun, werden wir kleine Kuchen haben, die verschiedensten Kuchen, je nachdem, ob die Frauen Maismehl oder Mandiokamehl verwenden; dann haben wir den Bolo grude. Und etwas ganz Besonderes und auch teuer wird es mit Erva doce sein. Und wie teuer erst, wenn wir Carimã nehmen.

Wir werden die regionalen Köstlichkeiten einer typisch einseitigen Ernährung Spezialität um Spezialität anbieten.

Mit den Besuchern wird sicher ein Photograph kommen, der Kurse nahm, um durch den Sucher zu schauen. Er wird vielleicht die eine Ritze an der Wand etwas größer machen, damit das Licht gestalterisch in den Innenraum fällt. Aber auf seinen Bildern wird er dem Blech zu seinem unverkennbaren Materialcharakter verhelfen.

Dann tun wir neben der Garküche einen Stand mit Postkarten auf; die kann der Vater verkaufen, damit er nicht die ganze Zeit untätig vor dem Haus sitzen muß.

Nur das Brett zum Scheißhäuschen müssen wir fester machen, damit die Besucher nicht fallen und sich gar verletzen, wenn sie einen Blick hineinwerfen wollen.

Wir selber aber bauen ein Haus mit Backsteinen und einem Ziegeldach, das nichts durchläßt. Mit Zimmern drin und sehr vielen Steckern und an jeder Wand einen Wasserhahn.

Dann wird dein ältester Bruder noch viel länger in die Schule gehen. Er wird nicht nur die Weltmeere auswendig können, sondern auch die Neben- und Binnenmeere und alle Kanäle, wie lang sie sind und wieviel Schiffe drauf fahren, die breitesten Ströme und die höchsten Wasserfälle, und er wird sich in den Flüssen und Bächen so gut auskennen, daß er eines Tages weiß, wie man Wasser durch künstliche Ufer in euer Trockenland leitet.

Aber eines dürfen wir nicht übersehen. Dein Bruder muß zu seinen geflickten Hosen Sorge tragen, denn die braucht er für die Führung.

Dann, Fatima, dann ist auch hier das Wunder geschehen.

Aber hier hat das Wunder nicht stattgefunden. Hier nicht, nicht im Hinterland und nicht in deinem Canindé.

Und doch – es muß sich ein Wunder ereignet haben. Die Luft ist voll davon. Selbst hier strecken Dächer ihre Antennen aus, um von himmlischen Erscheinungen zu berichten: Von Eisschränken, die so groß sind, daß Familien darin Platz fänden, würden sie etwas zusammenrücken; öffnet man die Schränke, sind sie bis zum Rand gefüllt.

Von einem wilden Tier, das sich in einen Tank sperren läßt und Pferde antreibt.

Von einer Pulvermilch, der man das Fett entzog; in etwas Wasser angerührt, ergibt sich ein köstlicher Trank, und hinterher gehen die Reißverschlüsse wieder zu.

Anderswo hat das Wunder stattgefunden. An der Küste und in den Großstädten des Südens. Wo ja auch ein Teil der Puppen hingegangen ist.

Dort erteilte kein Paterchen den Segen; wenn jemand segnete, waren es die Direktoren der Welt- und Halbweltbanken:

Herr, wir sind deiner Kredite würdig. Steh uns bei in unserem täglichen Kampf um die Amortisation.

Dort hält kein Francisco seine Wundmale hin. Und wenn einer in den offenen Händen Wunden zeigt, schließen sich diese dank dem Salböl der Provision.

Ein Wunder, das von wunderbaren Vorkommnissen

begleitet ist, die nie durchschaubar sind, auch wenn sie noch zu erklären wären, auf alle Fälle mehr als bloßer Zauber oder fauler Trick: Ganze Ländereien mit Vieh, Baumwolle und Kaffee verschwinden in der Tasche eines einzigen Mannes.

Und ein anderer mit einem anonymen Gesicht zieht aus seinem Zylinder nicht Tauben oder weiße Hasen, die einen Schlag oder einen Stall füllen könnten; er holt als erstes eine Fabrik hervor und hinterher ein Bürohaus, danach angelt er einen Parkplatz, und wenn er alles auf das Tischchen vor sich gestellt hat, ist immer noch eine Tochterfirma drin und ein Enkelunternehmen, und wenn schon alle Zuschauer applaudieren, rollt er zum Schluß eine Schnur auf, an der ein Grundstück nach dem andern baumelt. Dabei ist der Zylinder am Anfang leer gewesen, und es konnte auch gar nichts in den Ärmeln versteckt werden, denn die wurden zurückgekrempelt.

Und wenn in einem fremden Kontinent einer den Telefonhörer abnimmt oder mit den Fingern schnalzt, tanzen ein paar am Ort des Wunders. Sie tun es ohne Musik und erfinden immer neue Schritte, wobei sie nicht nur in die Knie gehen, sondern auch den Rücken beugen und den Schlag von oben als Tritt nach unten weitergeben.

Ein Wunder, Fatima, anders als in Canindé, und doch wieder ähnlich und dennoch ganz neu, ein Wirtschaftswunder.

Es muß ein Wunder sein. So lange die Einflußreichen sich auch auf ihren Schalenstühlen drehen oder in den Ledersesseln versunken nachdenken, sie kommen zu keinem andern Schluß, als daß ihnen ein Wunder widerfuhr. Selbst die, welche aus dem Telex Nachrichten empfangen und ins Diktaphon reden und für ihre Akten einen Zerreißer brauchen, auch sie können das, was geschah, nicht aus eigenen Kräften erklären.

Da müssen heimliche Kräfte am Werk gewesen sein, wenn auch nicht nur:

Sicher einmal all die, welche jeden Morgen von neuem an den Fabriktoren anstehen und warten, bis ein Platz frei ist, weil einer verunfallte oder starb oder weggejagt wurde oder weil ein Großauftrag hereinkam. All die, welche von Betrieb zu Betrieb wandern, um sich nach Arbeit zu erkundigen; die bei Garagen und Werkstätten anstehen und bei den Baustellen fragen oder einfach herumhocken, weil vielleicht doch einmal eine Arbeit vorbeikommt –

sie sind die Riesenmasse der namenlosen Nothelfer, welche dem Wunder seine Wunderlöhne ermöglichen.

Es muß ein Wunder sein, es kann gar nichts anderes sein als ein Wunder. Auch in Canindé waren es immer nur einzelne, die plötzlich sahen oder keine Krücken mehr brauchten.

Nur daß die, welche das andere Wunder trifft, nicht in einem Saal der Wunder ihre Bilanz aufhängen, um jedermann mitzuteilen, wie groß der Segen war.

Aber auch wenn es nur wenige sind – das Wunder ist mit seinen Bulldozern, Kranen und Gerüsten für jedermann sichtbar.

Immer höher hinauf wachsen die Häuser, daneben ducken sich die höchsten Kirchtürme. In den oberen Etagen sitzen die Direktoren, so daß man nahe dem Himmel ist, wenn man mit dem Chef selber verhandelt.

Kühl ist es in diesen Räumen und manchmal so kalt, als würde geschlachtetes Fleisch gelagert. Wohlkonditioniert die Luft, so bleiben Kopf und Herz kühl und beginnen nicht plötzlich hinterm Schalter zu schmelzen.

Und nicht nur kühl ist es, sondern auch frisch. Da duften die intimsten Orte nach Zitronen und die Gänge nach Pinienwäldern, und in den Vorzimmern riecht es nach Mitternachtsblau und Frühlingskokett.

Das ist anders als draußen in den Vorortzügen oder Omnibussen, wo sich die Passagiere quetschen und durcheinandergerüttelt werden, wo sie sich stoßen und sich aneinander festklammern und bis übers Trittbrett hinaushängen, und wo sie nach einer nichtdesodorierten Arbeit weiterschwitzen.

Schlangen rollen am hellichten Tag durch die Straßen, und die Fußgänger scheuen zurück. Schlangen, die nicht kriechen, sondern auf Rädern fahren, die nicht zischen, sondern hupen und welche die Giftzähne nicht vorn haben, sondern hinten beim Auspuff.

Und die Plätze in der Innenstadt sind jetzt frei vom zerlumpten Volk, denn die wundertätige Polizei sagt jedem Bettler, der sich an einen Torweg oder hinter einem Gerüst, auf einer Bank im Park und bei einem Geschäftseingang niederlassen will: Steh auf, nimm dein Bett aus Zeitungspapier und laß dich nie mehr blicken.

Eine Wunderwelt, wohin schon immer aus dem Hinterland so viele aufgebrochen sind.

Ein anderes Wunder mit anderen Pilgerzügen. Mit den Wallfahrten zum Supermarkt. Wo alles zu haben ist, was man braucht, und alles, was man nicht braucht. Jedermann wird in dieses Paradies gelassen. Jeder darf nach Lust und Hunger, nach Bedürfnis und Laune seinen Korb oder sein Wägelchen füllen.

Aber wer aus dem Paradies hinaus will, der muß an der Kasse vorbei, wo der Engel mit dem Schwert sitzt.

Auch das andere Wunder hat seine Wunder-Säle, aber

nicht nur einen Anbau, wo man an einer oder zwei Wänden die Geschichten von den wunderbaren Vorkommnissen lesen kann.

Hier stehen die Bildergeschichten an allen Straßen entlang, eine hinter der andern, überlebensgroß. Tafel um Tafel, nicht von unkundiger Hand gemalt sondern graphisch gestaltet und mit Kenntnis betextet:

Das ist die wunderbare Geschichte von dem Mädchen, das ohne Hoffnung liebte, bis es die Zahnpaste mit dem richtigen Menthol gefunden hat.

Da sieht man die Matratze, auf der sich ruhig schlafen läßt, als wären die Sprungfedern aus lauter gutem Gewissen gemacht, aber die Matratze ist billiger als dieses und dauerhafter.

Und die wunderbare Geschichte vom Familienvater, der sorglos sterben durfte, weil seine Angehörigen Kleeblatt-versichert sind.

Und wenn die Nacht eingebrochen ist, leuchten Zeichen und Namen auf. Farbiges Neon, erlöschend wie Sternschnuppen. Nur, daß diese Sternschnuppen tiefer hängen und sich wiederholen und man keinen Wunsch vorbringen muß, weil sie die Wunscherfüllung gleich nennen.

Ein Himmel voller Lockvögel. Christus segnet im Scheinwerferlicht seine Stadt, und über Rio leuchtet der Stern von Mercedes.

Und wie jedes Wunder hat auch das andere Wunder seine Heilung:

Da gibt es Blinde. Die sehen nicht die Wolkenkratzer und die Bankhäuser, den Stahl und das Glas, die Fußgängerzonen und die Klubs, weder die Parkhäuser noch die Residenzen; die sehen nur, wie Barackenstädte größer werden. Diese Leidenden werden eingesammelt und in Einzelzellen gebracht, um sie von ihrem blinden Fleck zu heilen. Mancher, der auf zwei Beinen ins Gefängnis kam, wurde dort mit dem Wunder geschockt, so daß er hinterher einen Stock brauchte.

Auch dieses Wunder hat wieder einen Saal mit einzelnen Armen, Knien, Rücken, mit Brustwarzen und Genitalien. Wunder über Wunder: die wunderbare Speisung der Fünftausend in einem Land von über hundert Millionen. Da verwandelt sich nicht nur Wasser, sondern auch Schweiß in Wein und Whisky. Und ohne sich zu rühren vermehrt sich das Kapital zu tausendfältiger Frucht.

Ein Wunder der Vergebung: es erlöst sich von alten Schulden, indem es neue macht.

Ein einziges Wunder, aber eines, auf das man nicht warten muß, sondern an dem man sich beteiligen kann.

Also sagen sie: Laßt uns einen Kuchen bauen, immer größer und höher, und wenn er bis zum Himmel reicht, werden wir ihn verteilen.

Dieses andere Wunder aber ist an Fatimas Hinterland vorbeigegangen, obwohl manche Straße gebaut und manch andere asphaltiert wurde.

Doch wenn in diesem Nordosten unzählige Bäche versickern, warum sollte nicht wenigstens Milch und Honig fließen? Warum sollte unter den wasserführenden Flüssen nicht einer Jordan heißen?

Konnte angesichts der kriechenden Höhenzüge, die sich hinterm Horizont verlieren, konnte nicht einer der Hügel, Höcker oder Buckel der Heilige Berg, der Sinai sein? Und wo, wenn nicht in den weglosen Tälern und den aussichtslosen Ebenen, wo, wenn nicht in dieser unbekümmerten Öde, lag Kanaa, das Gelobte Land?

Man mußte nur lange genug suchen, und dieser Nordosten dehnte sich aus, daß mancher ein Leben lang herumirrte, ohne im Kreis gehen zu müssen.

Man mußte nur das Land mit den aufgekauften Brunnen hinter sich lassen. Alle eingezäunten Weiden und abgesteckten Felder. So weit ins Innere vordringen, bis man auf eine verlassene Farm stieß, wo andere aufgegeben hatten und wo man noch einmal anfing.

So hatte es einst der Ratgeber Antonio getan, der nach Canudos gekommen war. Am Ende der Welt sollte das Heilige Jerusalem erstehen. Wo der Boden bisher der Sonne, den Steinen, dem Gestrüpp und dem Kriechvieh überlassen worden war. Alle, die guten Willens waren, sollten sich hier einfinden. Die Aufgehellten, die Dunkelfarbigen, die Milchgesichtigen. Die mit dem Indianerhaar und die mit den Negerlippen. Es waren viele, die gar nichts anderes als guten Willen besaßen, und sie brachten auch ihre erschrockenen Augen mit.

Mit jeder Familie, die sich niederließ, wurde ein Stück Brachland fruchtbar. Der Boden erwies sich gnädig den Bataten, dem Mais und den Bohnen. Um die Hütten liefen nicht nur Ziegen, Schafe und Hühner, sondern auf den Weiden gab es Großvieh und immer mehr Herden.

Es sollte ein Ort ohne Fehl sein. Wo nur Männer und Frauen zusammen schliefen, die den Segen hatten. Alles leichte Volk wurde den Gerichten außerhalb Kanaas übergeben. Jede abgetötete Sünde sollte sich in eine Wolke verwandeln, die regnete.

Ein Jerusalem aus Lehmhütten mit Strohdächern vorläufig. Doch wurden bereits die ersten Ziegel gebrannt. Die Kirche besaß schon einen Turm aus Granit, eines Tages aber sollte die Zinne vor Gold glänzen, damit ein Leuchten da war, das nur die Sonne übertreffen konnte.

Doch die Oberen und Mächtigen rechneten nach: Hatte sich dieses Jerusalem nicht schon auf siebzig Farmen ausgedehnt? Wenn es weiter wuchs, gab es bald nur dieses Jerusalem im Hinterland. Alle Taglöhner und Bauern liefen dorthin; sie, die früher die Felder und Äcker der Patrone bestellt und ihr Vieh gehütet hatten. Wenn alle sich in dieses neue Jerusalem retteten, verwaiste, was früher bebaut worden war, während dieses Jerusalem selber grüner und größer wurde.

Dieser Ratgeber war ein Aufwiegler. Hatte er nicht schon einmal auf einem öffentlichen Platz Steuererlasse zerrissen? Ein Rebell und Volkshetzer. War es nicht bezeichnend, daß er den Vertretern der Republik verbot, nach Canudos zu kommen, nur weil die eine Volkszählung durchführen wollten und dabei die Frage nach der Konfession stellten und für die Zivilehe eintraten.

Das waren Fanatiker. Rückständiges und unberechenbares Volk, das sich hier zusammenrottete und einnistete. Eiferer, Verblendete, Nachtwandler und Mondsüchtige.

Dieser Ratgeber war ein Ketzer, der in der Bibel las, daß ein Reich kommen werde und alle glücklich mache, und zwar bald und schon hier auf dieser Welt und nicht erst in der anderen. Um ihn scharten sich Verrückte und Ausgestoßene, Querköpfe und Streitmacher, stures Geschmeiß und starrsinniges Gesindel, ein Bettelvolk, welches das Maul vollnahm.

Wenn dieser Ratgeber und seine Fanatiker mit Gewalt Holz holten, das sie für den Bau einer Kirche benötigten, und auch wenn sie es bezahlt hatten – dieser Gewaltakt war nur ein Anfang.

Wurden nicht zahlreiche Güter überfallen? Wer versteckte sich schon bei diesen Fanatikern? Deserteure fanden dort ihre Schlupfwinkel, zwielichtiges Volk, das den ordentlichen Gerichten entfloh.

Dieses Jerusalem mußte brennen. Wozu gab es Militär und Polizei, die ausgebildet worden waren, um Ordnung herzustellen im Namen des Fortschritts.

Wenn die erste Expedition überfallen wurde und alle Polizisten und Hilfssoldaten das Weite suchten, mußte man eben eine zweite ausrüsten, die besser darauf vorbereitet war, daß die Fanatiker in kleinen Gruppen auftauchten, von den Flanken angriffen und nach ihren Überfällen spurlos verschwanden. Wenn der zweite Versuch mißlang, mußte man beim dritten Mal mehr Schuß Munition mitnehmen, notfalls viertausend Soldaten ausrüsten und Kanonen mitführen, wie sie Krupp erfunden hatte.

Einmal mußten die Ordnungskräfte sich als stärker erweisen. Auch wenn die Fanatiker moderne Waffen erobert hatten und sich nicht mehr so nahe heranpirschen brauchten wie am Anfang, als sie nur über Gewehre für die Vogeljagd verfügten. Die modernen Waffen, die behielten sie; aber die Vorräte, die sie erbeuteten, warfen sie in die Schlucht; sie mochten kein sündhaftes Trockenfleisch essen, sondern nur, was auf ihrem heiligen Boden wuchs, selbst wenn es Gras war.

Einmal mußten die Ordnungskräfte siegen. Auch wenn die anderen sich nicht gefangennehmen ließen, und die Frauen und Kinder bis zuletzt mithalfen, Litaneien singend, Pulver herzustellen. Als die Hütten brannten, versteckten sie sich am Ufer, wo man sie aus den Gebüschen zerrte, ehe man sie an Ort und Stelle niederschoß, auch die Kinder, denn der Wahnsinn steckte bereits in der jüngsten Brut.

Lange hatte das Neue Jerusalem nicht gedauert. Aber vielleicht lag das Gelobte Land nicht am Vasa Barris Fluß, von dem der Ratgeber gemeint hatte, er werde eines Tages Milch führen und seine Ufer würden sich in Maisbrot verwandeln.

Vielleicht lag Kanaa ganz woanders. Der Nordosten war doch groß, man mußte sich nur einmal mehr auf die Suche machen und nicht gleich aufgeben.

So machte sich der selige Lourenço auf die Suche; er hatte schon einmal mit Familien in einer Kommune zusammengelebt. Sie hatten einen Ochsen verehrt, dessen Urin wundertätig war, sie bauten dem Tier einen prachtvollen Stall, schmückten seine Hörner und schabten von den Hufen soviel ab, wie man in einem Säcklein um den Hals trägt.

Als sie eingefangen wurden, sahen die Männer durch das Gefängnisgitter, wie auf dem Platz davor der heilige Stier geschlachtet wurde. Aber sie weigerten sich, von ihm ein Beefsteak zu essen, obwohl der Commandante ihnen das Maul mit einem Freß-Stock aufsperren ließ.

Das Jerusalem mußte woanders erstehen, und so suchte der selige Lourenço nach der Entlassung weiter, bis er nach Caldeirão kam. Hier sollten alle Arbeit haben. Doch jeder mußte Gewinn, Erlös und Ertrag abgeben, damit verteilt werden konnte, was hereinkam, und jeder über das verfügte, was er brauchte.

Die horten Waffen, hieß es, und man munkelte, die planen Überfälle. Die Besitzenden zitterten und hörten erst auf zu zittern, als Füsiliere und Leichte Mitrailleure zu diesem neuen Jerusalem aufbrachen.

Zwar hatte der selige Lourenço in seinem Jerusalem jede Feuerwaffe verboten, und selbst spitze Messer waren nicht geduldet. Nicht nur die Stoffe stellten sie selber her, sondern auch jedes Werkzeug. So griffen sie zu dem, was sie für die Bestellung der Äcker, für die Errichtung von Sodbrunnen und Weiher und für die Hortung des Viehs verfertigt hatten; sie verteidigten sich mit Brenneisen, Axt, Beil, Grabstichel und Krauthacke.

Als der siegreiche Kommandant die Übriggebliebenen fragte, wem die Häuser, das Vieh und die Habe gehörten, sagten die: niemandem, denn es gehört allen; so konnte der Kommandant zur Versteigerung übergehen.

Und jene, die aus entfernten Regionen hierhergezogen waren, wurden auf dem Heimweg geprügelt, und viele der Frauen und Kinder, die unterwegs an einem Straßenrand rasteten, als Vagabunden eingefangen oder auch bloß weitergejagt.

Ein paar, die sich in Jerusalem gegenseitig als Heilige angesprochen hatten, wurden in der nächsten Stadt an einen Pfahl gebunden und der Sonne und den Leuten ausgesetzt. Bis ein Offizier fragte, weshalb man sie zur Schau stelle, worauf sie losgebunden wurden.

Als der Selige aus dem Gefängnis kam, zog er sich weiter ins Ödland zurück. In den umliegenden Dörfern und Weilern besaß er Informanten, welche über alle Bewegungen der Polizei und des Militärs berichteten. Er beschloß nur rasch errichtete Hütten aufzustellen, die man ebenso rasch verlassen konnte. Doch endlich schrieb er einen Bittbrief an die Regierung; sie erlaubte ihm, mit nicht mehr als drei, vier Familien ein Jerusalem zu gründen, darauf siedelten sie sich zwischen Gehölz und Brachland an.

Vielleicht war Kanaa nicht für viele, sondern nur für wenige gedacht. Vielleicht nur für einen allein. Vielleicht ist das verheißene Land ein Ort, um sich von Zeit zu Zeit zurückzuziehen, ein gottverlassenes Stück Erde.

Ein solches Stück verheißenes Land besaß Geraldo, ein Holländer, der einst für Indonesien ausgebildet worden war und der nach dem Zweiten Weltkrieg als Padre hierher geschickt wurde. Immer wenn er meinte, er sei endlich bei seiner Gemeinde angekommen, verwiesen sie ihn weiter zurück ins Hinterland.

Er schrieb vervielfältigte Briefe nach Hause. Noch die abgetragensten Kleider konnten aufgetrennt werden, und aus den ältesten Schuhen konnte man Sandalen machen. Auch wenn er zuweilen die größten Schwierigkeiten hatte, die Sachen beim Zoll auszulösen. Er bettelte um einen Photoapparat und photographierte, weil er mit Worten nicht nachkam und weil er über gar keine Worte verfügte, um die Gesichter und die Krankheiten zu beschreiben. Er legte den Briefen Bilder bei und schickte sie an alle Adressen, an die er sich erinnerte.

Aber wenn er alles verteilt hatte und noch immer ein paar anstanden; wenn keine Portion übrigblieb, obwohl er die Portionen schon so klein gemacht hatte, daß sie auf einen einzigen Löffel gingen; wenn er in seinen Glasröhrchen die Tabletten nachzählte und überlegte, ob er die Medikamente dem geben sollte, der neben ihm lag, oder einer Frau in der Ecke oder doch lieber dem Jüngsten; und wem er statt Pillen oder einer Spritze die Sterbesakramente geben sollte –

dann nahm er das Pferd und ritt an seinen gottverlassenen Ort. Über einen längst nicht mehr benutzten Pfad zu einer Felsenkuppe. Dort kletterte er die abschüssigen Wände hinunter zu einem Wasserloch, das sich wie ein Zuber in den Stein gefressen hatte. Unter einem Granitbrocken fischte er aus dem Wasser eine Flasche Ginever hervor, die ihm seine Verwandten seit Jahren zum Geburtstag schickten.

Schon beim Geruch des Wacholders sah er die Blumenfelder seiner Heimat und drehten sich die Windmühlen seiner Kindheit. Er hatte gelernt, sich kleine Schlücke zu verabreichen und die Flüssigkeit so an den Gaumen zu pressen, daß er wenig Alkohol brauchte, um ihn zu spüren; und wenn er ihn im Blut fühlte, streckte er auf einem Felsen Arme und Beine weit von sich, in einem wohligen Schnuppertod, und sah in einen blauen Himmel, über den er als junger Mann tiefe Aufsätze geschrieben hatte.

Wollen wir auch einen heben wie der Padre? Aber nicht ein ausländisches Gesüff, sondern Zuckerrohrschnaps, der hier gebrannt wird. Ein Zuckerrohrschnaps, der sich auskennt.

Der Anlaß wär wohl gegeben. Obwohl, brauchen wir einen Anlaß, um einen zu heben? Anderseits, was ist eine Beerdigung ohne unsere Cachaça, ohne unseren Zuckerrohrschnaps. Allerdings, die Mädchen, die das Sargkistchen tragen, die brauchen vorher keinen. Das sind auch nicht richtige Sargträger und nicht erfahrene Totenbegleiter, die einen herunterschütten, bevor sie nach der Stange mit der Hängematte greifen oder den Sarg aus dem Haus tragen.

So ein richtiger Zuckerrohrschnaps, das ist Männersache. Sicher, manchmal kriegen auch Frauen davon. Wenn's ernst wird. Wie bei der Geburt. Da ist es den Weibern gewöhnlich ernst. Dann jammern sie nicht, weil sie Flausen haben.

Auch Fatimas Mutter hat ihren Schnaps gekriegt, als es soweit war. Ein verlegener Schluck, und schon rumort es ihr nicht nur im Bauch, sondern auch im Kopf.

Man gibt schließlich auch dem Truthahn vorher Schnaps. Auch ein Truthahn stirbt nicht gern. Wenn der sich wehrt und sich verkrampft, kann die beste Köchin so lange kochen, wie sie will, das Fleisch bleibt zäh. Aber mit etwas Schnaps kriegt man den Hochzeitsbraten zart. Da flattert der Truthahn ins Messer, und die Frauen werden fröhlich.

Aber sonst – sonst ist dieses gebrannte Zuckerrohr eine Angelegenheit für Männer. Für uns, die wir die Verantwortung haben.

Fatimas ältester Bruder wird bald so weit sein, daß man ihn abfüllen kann. Dann werden ihm nach dem ersten Glas die Ohren überlaufen und die Äuglein ersaufen.

Wenn er sich an jedem Luftzug hält, wenn er wieder hochkraxelt und geifert, er ertrage noch mehr, wenn man ihn hinausstützen muß, wenn er selber den Hosenladen nicht mehr öffnen kann, wenn es ihm hinten rausläuft und er sich vollkotzt, wenn er mit einem Schädel erwacht, in dem Termiten krabbeln, und wenn es ihm hundsübel ist, alles Licht wehtut und er als säuerlicher Stinker zur Zapfstelle läuft,

dann ist er ein Mann wie wir. Ein Mann, dem nicht nur in den Hosen Haare wuchsen und der aufhört, sich selber am Zeug herumzufummeln, und der auf Weibern herumliegen will – nein, dann ist er ein richtiger Mann, ein voller Mann. Denn zweimal werden wir Männer getauft. Einmal, wenn wir wehrlos sind, in der Kirche, vom Padre mit seinem Weihwasser. Und ein zweites Mal, bei dem wir uns wehren, indem wir zur Flasche greifen und uns selber taufen, mit dem Weihwasser des Teufels; das ist zu schade, um es über den Kopf auszugießen, das muß in den Schlund und in die Gedärme.

Dann wird der Bruder ein richtiger Mann sein, der weiß, was ihn erwartet, und der lernt, was ihn erwartet, zu meistern.

Er wird begreifen, daß man nicht nur Schnaps ins Glas tut, sondern den Heulaff, den Negertanz und den Katzenjammer.

Er wird das Glas umfassen, als wär's eine Mulattin, eine

Baronin, eine kleine Braune oder helle Süße, eine Vettel oder eine Widerborstige – ein Griff, ein Schütten, und er wird mit allem fertig werden.

Er wird als richtiger Mann manchmal den letzten Tropfen über die rechte Schulter nach hinten werfen. Für die Verstorbenen, die von dieser Hölle in die andere überwechselten, wo der Teufel zwar Hundertprozentigen brennt, ihn aber nur vorzeigt und nicht ausschenkt.

Er wird ein Mann werden, der dieses Streitwasser braucht, diesen Brustbefeuchter, um seine Kiste zu schwingen, auch wenn die Beine dazu schielen.

Ein Mann, der dankbar ist für dieses Wasser, das der Vogel nicht säuft und das den Gockel zum Husten bringt, ein Wasser, welches das Viech tötet, das im Haus steckt, auch wenn es immer, bevor es ertränkt wird, noch rasch ein Junges legt, das am andern Morgen schon ausgewachsen in der Kehle hockt.

In diesem gebrannten Zucker, da ist eben was drin – nicht nur, weil er wie Butter ernährt und zweimal so kräftig ist wie Fleisch. Nicht nur, weil man nicht mehr ins Kino muß, das es hier doch nicht gibt. Aber mit einer halben Flasche hat man den Film im Kopf und das Fernsehen dazu und nicht nur ein Programm, sondern alle Programme gleichzeitig.

Das ist ein Heldengesöff, auch wenn wir nicht als die gleichen Helden erwachen, als die wir am Abend zuvor in die Hängematte geklettert und auf die Matratze gekrochen sind.

Aber wenn wir in einem Weggraben liegen, den Mond gleich neben uns, dann dürfen wir uns gratulieren, aus eigener Kraft so hoch geklettert zu sein.

Darum wird auch dieser Junge eines Tages von alleine

sein Glas verlangen. Ein erstes, um die Lage zu bedenken, ein zweites, um sie zu vergessen, ein drittes, um das Vergessene zu bedenken, und ein viertes, um das Vergessen zu vergessen.

Dann sind die Ohren zu und taub gegen das Geplärr und Gekeif der Lieben zu Hause, gegen ihr Lamentieren und Jammern.

Dann stellen wir uns der Schwiegermutter. Dann jagen wir den Puma, und zwar von Hand, und schaffen den wildesten Stier herbei. Dann sagen wir dem Patron, wo die Gerechtigkeit hockt, nicht bei ihm, sondern bei uns.

Dann sind wir am Zug. Drum ölen wir nach. Wir wollen noch mehr von dem Terpentin, auch wenn wir hoffen, daß keines drin ist, wie auch schon gehabt, und daß das Zeug nicht mit Insektenpulver behandelt worden ist.

Noch ein Glas. Wozu ein Glas. Die Flasche her. Wozu der Umweg über die Flasche. Hängen wir die Mäuler an den Destillationskolben. Wenn sie schon keine Stauseen bauen und wenn sie schon keine Kanäle fürs Wasser errichten, dann könnten sie doch die Rohre direkt von den Schnapsfabriken über die Felder ziehen und alle paar Schritte ein Mundstück anbringen.

So ein Schnaps vom Vorlauf, das wär's.

Und der Junge wird eines Tages mit dem Zuckerrohrschnaps Mitleid haben. Was der durchgemacht hat. Durch alle Mühlen haben sie das Zuckerrohr gedreht, dann haben sie dem Saft eingeheizt, er ging fast drauf vor Schwitzen, und dann haben sie ihn erschreckt und abgekühlt.

Ein Leidensgenosse, der die Männer versteht. Man darf ihn nicht so allein herumstehen lassen, diesen Kumpan, man muß ihn an sich nehmen, man muß ihn in sich nehmen.

Und er geht ja nicht nur in die Knie von uns Männern, er geht in die Augen, so daß wir nach Männerart heulen!

Über die Lieben zu Hause. Über die Frau, der wir eins herunterhauen. Über die lieben Kleinen, von denen immer eines wegstirbt. Über den geschundenen Maulesel und über das Glas, das einen Hick hat. Über das Scheißhäuschen, das man flicken sollte. Über das letzte Länderspiel. Über den Schnauz des Nachbarn und über das Pulver, das wir nicht erfanden. Über den Patron, der selber sagt, daß er's nicht leicht hat. Über den lieben Gott, der sich mit dieser Welt was Schönes eingebrockt hat. Und über uns, die wir so ergriffen sind.

Gebt uns unsere tägliche Cachaça, diese Bettdecke der Armen.

Nicht auszudenken, daß dieser Zuckerrohrschnaps einst nur für die Neger gebrannt wurde. Daß man den Sklaven am Morgen davon gab, damit sie die Arbeit aushielten.

Und wir, die freien Männer, wie sollen wir die Arbeit aushalten? Wie sollen wir es aushalten ohne Arbeit? Wir haben ein Recht auf unser Sklavengebräu.

An Zuckerrohr fehlt es hier nicht. Die ganze Küste ist voll davon. Da wächst soviel, daß alle Männer des Nordostens es aushalten und genug übrig bleibt für die, welche eines Tages Männer werden wie wir.

Sollte das verheißene Land dort liegen, wo der Zucker wächst? Also nicht in einer Öde, wo die Sonne alles ausdorrt, wo man ein Leben lang Steine zusammenliest, wo man zuerst einmal einen Weg auftun und Wasser hinleiten muß.

Liegt das Gelobte Land nicht viel eher dort, wo die Jordan-Flüsse das ganze Jahr Wasser führen, weil die Wolken regnen lassen. Wo es heiß ist, aber auch feucht, in einer Zone, wo hinter der Küste gleich der Urwald beginnt. Ein Urwald, den man roden muß, will man Ackerland haben, der sich nicht gegen die Äxte und die Motorsägen wehrt, so daß immer irgendwo ein Rodungsfeuer brennt und in den jungen Zuckerrohrfeldern schwarzverkohlte Wurzelstöcke und angesengte Stämme stehen.

Hatte dieser Urwald nicht schon einmal verheißenes Land bedeutet, als er noch dicht war und sich weit ins Innere ausdehnte? Ein Gelobtes Land für die entsprungenen Sklaven, die in diesen Dschungel flüchteten und sich hier zusammentaten, ihre Runddörfer gründeten, ihre Häuptlinge wählten und nach den Riten ihrer Götter und Trommeln eine eigene Freiheit lebten.

Bis die Sklaveneinfänger, die staatlichen Menschenjäger, sie jeweils aufspürten. Bis ihnen Truppen nachgeschickt wurden und diese die Schwarzen so lange attackierten, daß die weder mit Waffen noch mit Mut etwas ausrichten konnten. Womit einmal mehr Hütten und Einrichtungen eines Kanaa brannten und Kopfgelder eingezogen wurden.

Nicht ein Neues Jerusalem wollten sie gründen, sondern ein Neues Afrika, wie die andern ein Neues Lusitanien gegründet hatten. Aber diese Neuen Afrikas dauerten nicht lange, auch wenn sie sich Jahrzehnte halten konnten. Eine hartnäckigere Beständigkeit bewiesen da die gelobten Ländereien der Großgrundbesitzer; die wohnen noch immer in den Herrenhäusern. Zwar waren ihre Vorfahren ausgezogen, um Gold zu finden, aber dank der Alchemie der Sklavenwirtschaft verwandelten sie Zucker in Gold.

Und auf diesen Ländereien des Großgrundbesitzers erfanden die Sklaven einen Weg ins Paradies: sie bissen sich die Zunge ab, schoben das Stück Fleisch nach hinten in den Gaumen, um an der eigenen Zunge zu ersticken. Eine Selbstmord-Methode, die sich auch im Kerker und am Pranger anwenden ließ, wenn einer an Händen und Füßen gefesselt war.

Ein verheißenes Land ohne Kataster, wo sich kaum ein Eintrag im Grundbuch findet und wo man sich die Rechte ersaß. Zeigt ein Besitzer seinen Besitz, weist er mit der Hand über den Horizont: »So weit das Auge reicht und noch dahinter«.

Wenn es so riesige Ländereien von verheißenem Land gibt, weshalb sollten nicht auch kleinere Flecken von Kanaa möglich sein, ein Stück Boden, das die ernährt, welche ihn bestellen, zumal ein Mann sich mit Frau und Kindern daran macht, damit der Boden überhaupt etwas abwirft.

Bauern, die in einem unwirtlichen, vernachlässigten und unbenutzten Land roden und jäten, Furchen ziehen und wässern, pflanzen, hacken und säubern. Doch wenn der

Boden bebaut ist und die erste Ernte in Aussicht steht, erscheinen die Abgeordneten eines Clans und reklamieren das Land im Namen eines alteingessenen Patrons. Die Helfershelfer beschimpfen die Bauern als Diebe und helfen der Beschimpfung mit Drohung, Prügel und Revolver nach. Damit die Ordnung hergestellt wird, erscheint zum Schluß der Gerichtsvollzieher mit dem Ausweisungsbefehl.

Noch immer heißen die Orte in dieser Wald-Zone und in diesem Ackerbau-Gürtel nach den alten Zuckersiedereien. Diese sind zwar längst nicht mehr in Betrieb und die Öfen tote Feuer. Aber wenn hier Bauten zerfallen, verwittern und zerbröckeln sie nicht einfach an der Sonne, sondern sie bedecken sich mit Humus; in den eingestürzten Mühlen wachsen Büsche und über dem barocken Portal der nicht mehr benutzten Kapellen wuchern Farnkräuter, und der Urwald überzieht die Mauern mit Flechten und Kletterpflanzen.

An die Stelle der Siedereien sind längst veritable Fabriken getreten, die nicht mehr mit Maulesel- und Wasserkraft betrieben werden. Dahin wird das Zuckerrohr nicht mehr auf Ochsenkarren gebracht, sondern Eisenbahnschienen führen ins Fabrikgelände. Auf den Feldern wird das geschnittene Zuckerrohr auf Camions verladen. Weit hinauf in den Himmel reichen die Schlote, und über ihnen ist manchmal ein Rauch zu sehen, der so leicht und hell sein kann wie die Wölklein, die über den Zuckerrohrfeldern liegen, wenn die Rispen blühen.

Was für eine Wunderwelt der Dessertwirtschaft:

Zuckerrohr, das man zur Erntezeit durch eine Handmühle quetscht, so daß man den Saft an allen Straßenecken kaufen kann.

Ein Zucker, der ungereinigt als braune Tafeln und in

Klumpen gehandelt wird, Lompenzucker, den man mit etwas Mandiokamehl den Kindern gibt, was ihnen die Bäuche füllt.

Ein Zuckersaft, der sich brennen läßt, der als Schnaps die schönsten Namen von Heiligen, Frauen, Tieren und der Phantasie trägt und der einen lustig und geil macht, schlapp und selig.

Ein Zucker, der ganz weiß sein kann, raffiniert fein oder grob gemahlen, mit dem man die Tasse bis zur Hälfte füllt, ehe man den Kaffee hineingießt.

Ein Zucker für all das Gebäck in Herz- und Halbmondform, für die mehrstöckigen Torten und ihre Ziselierarbeit aus dem Dressiersack und für den »Beijo«, der so klein ist, daß er wie ein Küßchen ins Maul geht.

Und diese süße Wunderwelt soll eine süße Hölle sein, deren Flammen einen Zuckerguß haben?

Warum sollte soviel gutes Land nicht Gelobtes Land werden. Man müßte sich vielleicht nur einmal mehr zusammentun. Nicht zu Bruderschaften, sondern zu Bauernligen und zu Gewerkschaften. Die Männer zusammenbringen, die nicht mit der Hand an die Brust schlagen, sondern mit ihr abstimmen, die nicht Novenen beten, sondern diskutieren, die nicht die alten Legenden von Damião und den vierzehn Nothelfern erzählen, sondern eine Legende der Zukunft:

Von einem Arbeiter, der Arbeit hat und für die Arbeit eine Arbeitszeit. Der einen Lohn kriegt, der auch ausbezahlt wird. Ein Lohn, der dafür reicht, daß auch einmal Fleisch auf den Tisch kommt, die Kinder Milch trinken und in die Schule gehen. Der nicht bestraft wird, wenn er krank wird oder einen Unfall hat. Der nicht schon mit vierzig Jahren ein verbrauchter Mann ist.

Von einem Arbeiter, der nicht nur auf die Wallfahrt geht, sondern vor den Fabriktoren Streikposten aufstellt. Der nicht nur an Prozessionen teilnimmt, sondern auch an Protestmärschen, der nicht nur die Fahnen des heiligen Francisco trägt und den Baldachin für das Allerheiligste, sondern auch Transparente und Spruchbänder.

Die Legende von einer Zukunft, über die nicht Ratgeber wie Antonio oder der selige Lourenço berichten, sondern ein Julião zum Beispiel, der nicht predigt, sondern analysiert, der sich nicht auf die Bibel stützt, sondern aufs Gesetzbuch. Ein Anwalt, der meint, wenn es Gesetze gebe, müßten die auch angewendet werden, und der weiß, daß Gesetze nicht schon deswegen gut sind, weil sie bestehen. Aber ihm und den anderen Ratgebern, den Führern der Ligen und der Gewerkschaften, den Abgeordneten und gar einem Gouverneur ging es wie den alten Ratgebern. Denn die neuen Herren und neuen Patrone, die neuen Oberen und die neuen Obersten, es waren die alten Oberen und die alten Obersten, die alten Herren und die alten Patrone. Und so wurden auch die neuen Ratgeber verhaftet. Und, wenn die einmal aus dem Gefängnis entlassen wurden, waren sie so geschunden, daß sie nicht einmal Rat für die eigene Gesundheit wußten. Und die andern, die der Verhaftung entgingen, flohen ins verheißene Land des Exils.

Warum ein Neues Jerusalem gründen, wenn es doch bereits an den Küsten Städte gibt – dahin emigrieren doch nicht umsonst so viele.

Auch Fatimas Tante und ein Onkel waren in diese Städte abgewandert, in die größten unter den großen Städten. Nach Fortaleza und nach Recife. Warum die

Tante zurückkam, war nie genau auszumachen, sooft sie zu Hause auch darüber stritten. Weshalb aber der Onkel blieb, das war allen klar, denn das hatte ein Polizist erzählt. Dabei wußten die Kinder nicht einmal genau, wie dieser Onkel hieß; kam man auf ihn zu reden, hieß es nur »Ach-der-da«. Ach-der-da hatte an einem Staudamm gearbeitet. Bei einer Sprengung geriet sein rechter Fuß unter das herabstürzende Geröll. Im Ambulatorium aber hatten sie gestritten, ob der Fuß zerquetscht, verstaucht oder gebrochen sei. Was immer es aber auch war, als Ach-der-da wieder herauskam, hinkte er. Und der Polier auf dem Bauplatz fragte ihn: Mit sowas willst du bei uns arbeiten?

Das hatte Ach-der-da noch selber berichtet, als er sich verabschiedete und sagte, er gehe ostwärts, an die Küste mit den Kokospalmen, wo sie Eisschränke herstellen. Aber was nachher geschah, war nicht mehr so sicher, außer dem, was in Recife passierte.

Er soll sich von Ort zu Ort und von Gelegenheit zu Gelegenheit durchgearbeitet haben. Er soll es zwischendurch mit der Baumwolle und dem Sisal versucht haben. Und es hieß sogar, er habe sich auch mit einer Harke und einem Maulesel auf den Weg gemacht, um Halbedelsteine zu suchen.

Man wußte, daß er das Gelobte Land des Industrieparks gesehen hatte: all die Hallen und Tanks, die Lagerhäuser und Verwaltungsgebäude, die Parkplätze und Kamine, die Werkstätten, das Gelobte Land aus Beton, Stahl und Glas, mit Neon und Rasen und mit Toren, die sich automatisch öffnen und schließen.

Aber dann war es passiert. Nicht auf dem Platz vor den gedeckten Markthallen, wo er sich tagelang herumtrieb.

Und wo auch das Kino war, das er schon am Morgen aufgesucht hatte, um einen Platz zu haben fürs Schlafen und wo er sich rasch an die Revolverschüsse auf der Leinwand gewöhnt hatte.

Passiert war es in einer Nebenstraße, wo die Stände mit den Kleidern und den Nippes stehen, dem Kinderkram und den Haushaltdingen, so eng, daß die Käuferinnen und Kunden sich hindurch zwängen müssen. Ach-der-da meinte, es beobachte ihn niemand in diesem Trubel, aber der Besitzer schrie schon, wie Ach-der-da zugriff, und er war verhaftet, ehe er die Ware an sich nehmen konnte. Als der Polizist ihn fragte, weshalb er eine Schachtel mit Plastiketuis für Identitätskarten gestohlen habe, antwortete Ach-der-da: er hätte auch lieber etwas genommen, das man direkt essen könne.

Gemordet aber hatte Ach-der-da in der Zelle. Als er dem Untersuchungsrichter vorgeführt worden war, schwieg er lange, bis er sagte: der andere habe ihn in der Nacht belästigt. Doch die Zellengenossen bezeugten, Ach-der-da habe aus blauem Himmel den Halbwüchsigen angefallen. Da gestand Ach-der-da: Er sei schon vierzehn Tage im Gefängnis. Er hätte auch einen anderen erwürgen können, es komme nicht drauf an. Aber er kenne hier niemanden. Und es gäbe nur zu essen, was einem die Angehörigen bringen oder was die Wärter einem von draußen besorgen. Aber er habe keine Familie und kein Geld. Da habe er gehört, im Kerker gebe es zu essen, doch kämen dort nur die Schwerverbrecher hin.

So zog Ach-der-da aus dem »Gefängnis für Diebstahl und kleinere Delikte« in das verheißene Land des »Kerkers für Schwerverbrecher und Mörder«, wo zweimal täglich etwas in den Blechnapf getan wird – lebenslänglich.

Wollen wir nach all dem nicht lieber den Friedhof von Canindé loben?

So selbstverständlich ist es in diesem Hinterland nicht, daß die Toten zusammenfinden. Da wohnen die Leute zu weit auseinander, als daß man sich wegen jedes Toten oder gar wegen eines toten Kleinkinds in die nächste Ortschaft bemüht.

Der Weg ist zuweilen selbst für Patrone zu beschwerlich, obwohl die über genügend Träger verfügten und sogar einen Wagen besäßen und eine Musik aufbieten könnten, welche ihnen bei ihrem langen letzten Gang aufspielt.

Daher liegen Gräber wie Herrenhäuser und Hütten über die ganze Region verstreut, für sich allein, nicht gleich hinter ihnen, aber auch nicht allzu weit weg, in einem Stück Boden, das sonst kaum bebaut wird, das aber noch immer dazu taugt, einen Toten aufzunehmen.

Und dann sterben zu viele unterwegs. Man läßt sie an der Stelle, wo sie sich hinlegten oder wo sie umfielen, am Wegrand oder im Straßengraben; es wird wohl nicht zufällig sein, daß sie sich gerade diesen Ort und keinen anderen ausgewählt haben. Irgendein Gegenstand ist immer zur Hand, um eine Grube auszuheben, und es gibt genug Steine, um einen Gestorbenen zuzudecken, und immer finden sich zwei Hölzer, die ein Kreuz abgeben.

So konnte sich in diesem Hinterland einer einen Namen als Wohltäter machen, indem er Friedhöfe gründete; man gründete sie, wie man Spitäler gründete und wie man hätte Schulen auftun können.

Richtige Friedhöfe, wo die Toten unter sich sind und wo sie sich einrichten können, bis sie abgeholt werden zu einer Reise, von der man bis heute nicht weiß, ob sie durchs Wasser führt und ob man dabei begleitet wird, oder ob die Toten vorher all die Orte, wo sie sich während ihres Lebens aufhielten, noch einmal aufsuchen müssen, um den Abschied endgültig zu machen.

Richtige Friedhöfe mit einer Mauer, die einen Bezirk absteckt. Aber nicht mit einem Portal, das für immer zugemacht wird, wie es geschah, als sich die Cholera ausbreitete. Da reichte es nicht für jeden zu einem Grab und zu einem eigenen Kreuz; die Sammelgruben wurden gefüllt, der Pater erteilte aus der Entfernung den Segen; dann wurden die Portale zugemauert, und nicht nur die Toten, sondern auch ihre Friedhöfe zerfielen.

Nein, richtige Friedhöfe mit einem Portal, das man öffnen kann, mit einem Eisengitter, mit einem Schloß, nicht nur für Neuankömmlinge und nicht nur für die Besucher, die Hinterbliebenen.

Denn es gibt Friedhöfe, die sich am Aschermittwoch öffnen. Wenn der Karneval vorbei ist und die Maskierten und Verkleideten die Gräber aufsuchen, um dort die Nacht zu verbringen, im Singsang und essend und trinkend. Sie führen ihre Instrumente mit, aber sie rühren sie erst in der Morgendämmerung an, wenn die Nacht der stummen Trommeln vorbei ist, wenn die Demaskierung beginnt, an einem Ort, wo die Toten ganz andere Masken ablegten.

Sofern die Verstorbenen selber die Portale benutzen, braucht man die Schlösser nicht aufzuschließen. Die Toten kommen auch so durch, wenn sie sich um Mitternacht zur Prozession formieren, an den Händen und Füßen »Flämmchen«, ein Zug, der nie den Boden berührt und dem zur Warnung ein kühler Wind vorausgeht.

Und die Verstorbenen kommen auch am hellichten Tag durchs Portal, wenn Wahlen stattfinden. Denn es ist nicht ungewöhnlich, wenn ein Patron mit mehr Stimmen gewählt wird, als es Lebende am Ort hat, weil auch die Toten an die Urnen gehen.

Also loben wir den Friedhof von Canindé, einen Gottesacker mit drei Portalen. Canindé, das für seine Wunder berühmt ist, besitzt seit langem einen Friedhof, dessen Mauern schon mehrmals versetzt werden mußten.

Nur schon die Lage. Leicht zu erreichen. Und doch abseits vom Lärm, sofern solcher aufkommen sollte. Über dem Stauweiher angelegt. Der Blick auf der Höhe der Kirchtürme.

Mit seinen Büschen und der weitausholenden Mangabeira ein grünes Viereck. Ein Kontrast zum nackten Boden vor den Portalen und den Mauern. An der Innenmauer ein Brunnen und auf dem Rand eine Schöpfkelle. Die meisten Blumen aber brauchen für ihr Plastik, das Wachspapier, das Blech, den Bast und die Glasperlen kein Wasser.

Dicht gedrängt die Gräber mit Türmchen und Spitzen. Quadersteine und Sarkophage. Einfamilienhäuschen, nicht größer als ein Taubenschlag, und kleine Villen ohne Dienstboteneingang. Manches abgesteckt mit einer gemauerten Umfassung, zusätzlich mit einer Kette abgesperrt.

Mit einer weißen und blauen Tünche wiederholen die Grabmäler die Farben der Hausfronten draußen. Aber hier wird nicht wie draußen der Farbanstrich erneuert. Wetterbeständig ein gelegentlicher Marmor und viel Kunststein und manchmal ein Photo hinter Glas darauf.

Ordentlich die Anlage. Von den Portalen aus ein Stück weit der Weg gepflastert. Bis die Grabmäler aus Stein aufhören und es nur noch Erdhügel gibt. Nirgends Abfall, kein Unrat und kein Müll. Kein Barackengrab und kein Wellblech-Denkmal.

Plötzlich aber stolpert man über ein Stück Holz, die Querleiste eines Kreuzes; dieses ist so tief in den Boden geschlagen, daß es kaum nach einem Kreuz ausschaut. Ein Kindergrab zwischen Erwachsenen-Gräbern, dort, wo man nie gedacht hätte, daß noch Platz frei wäre. Auf dem schmalen Streifen zwischen dem Weg und dem ersten Grab zum Beispiel.

Unerwartet, wie auch zu Hause plötzlich Kinder unter einem Stuhl oder einem Tisch hervorkriechen. Oder sich in eine Ecke drücken, daß man sie nicht sieht. Hinter einem Korb oder einer Kiste Platz haben und sich noch winziger machen – so verkriechen sie sich hier mit ihren Gräbern hinter einer Säule oder unter einem Busch, ziehen die Knie an und schlüpfen unter und finden immer noch ein Plätzchen. Und man muß acht geben, daß man nicht unversehens einem Kindergrab auf die Füße tritt.

Dabei gibt es eine ganze Kinderecke, dort, wo auch Fatima hinkam. Neben der Grabkapelle und über einen Abhang auslaufend mit einer Mangabeira. Niedrige Kreuze stehen durcheinander. Manche im Halbkreis und andere zufällig gruppiert, kurzbeinig und einbeinig, einige abseits für sich und andere verschupft, und dann wieder Rücken an Rücken.

Die meisten Holzkreuze selbstgezimmert. Gelegentlich

nur ein Vorname auf dem Querbalken, mit einem Nagel hineingeritzt. Andere mit vollem Namen und mit Jahreszahlen. An einem Kreuz ein mehrfach gewundener Draht, fast ein Kranz.

Ohne Grabreihen und ohne Wege angelegt. Hier ein Stück Erde eingesunken und dort ein frischer Hügel. Aber nicht unbedingt dort, wo ein neues Grab liegt. Weiter vorn gehäufelte Erde und Spuren, wie man sie beim Tragen verliert.

Es sieht aus, als ob die Kinder überrascht worden wären und keine Zeit gehabt hätten aufzuräumen. Als ob es ein Spielplatz wäre, zur Nacht oder wenn der Friedhof das Schloß vorgehängt hat, wo heimlich und möglichst ohne Lärm gespielt wird. Schon damit die Toten, die erwachsen sind, nicht schimpfen. Dann häufeln die Kinder die Erde neu, tragen sie anderswohin und klopfen frische Hügel fest, graben neue Löcher und sammeln Steine, bauen Tunnels und plazieren die Kreuze um, verteilen sie noch einmal und trampeln sich Wege zurecht. Ein Grabhügel-Spiel, um sich für kurze Zeit nicht unter, sondern hinter einem Hügel zu verstecken.

Vielleicht hätten wir Fatima nicht ein Sträußchen mitgeben sollen, sondern ein Eimerchen und ein Schäufelchen.

Aber wäre nicht auch Fatimas Sarg zu loben? Wer hat etwas von einer Seifenkiste gesagt? Nur weil er keinen Deckel hat?

Sicherlich, hier gehen nach wie vor viele in der Hängematte zum Grab. In ihrem Bett, das sich zusammenrollen und auf dem Rücken als Bündel tragen läßt. Aber wenn sie selber das Bündel sind, wird die Hängematte an eine Stange gebunden, die auf den Schultern von zwei Trägern liegt.

Nur die Oberen und die Obersten, die Inhaber und die Patrone, die benutzten schon immer einen Holzsarg. Er konnte aus massivem Holz sein, poliert, gemasert und gedrechselt, mit geschmiedeten Beschlägen und Messinggriffen; darum trugen immer mehr als zwei.

Prachtvolle Särge, so daß auch Landarbeiter und Tagelöhner solche für sich wünschten. Um wenigstens wie die Reichen auf den Friedhof zu kommen, wenn sie schon nicht wie diese lebten. Deswegen gründeten sie Bauern-Ligen, damit ihre Mitglieder in einem Holzsarg auf den Friedhof kamen. Nur daß die Toten vor dem Grab umgebettet wurden, um den geliehenen Sarg dem nächsten wieder leihweise zu überlassen.

Wer hat da etwas von einer Seifenkiste gesagt?

Sicherlich, es ist kein Holzsarg, in dem Fatima liegt. Jedenfalls nicht einer mit Deckel oder gar mit einem Schloß, das man abschließt, bevor man den Toten, die Füße voran, aus der Türe trägt. Und somit auch nicht ein

Sarg mit einem Schlüssel, den die einen Hinterbliebenen in den ersten Tagen sich um den Hals hängen und den andere verstecken, damit keiner daran kann, auch nicht der Tote. Ein Schlüssel, den man zu den Dokumenten legt, bis einer eines Tages fragt, was das denn für ein Schlüssel ist. Oder den man mit dem Schmuck einschließt und der doch verloren geht. Und den andere wiederum treu aufbewahren, um dank ihm im gegebenen Moment bei einem Toten unterzukriechen, auch wenn dann gewöhnlich nur noch ein Eisenschloß da ist und kein Holzdeckel mehr.

Nein, es ist keine Seifenkiste. In Fatimas Sarg wurden Sardinenbüchsen transportiert.

Seit Tagen hatte sich der Vater nach etwas Passendem umgesehen. Aber er wollte zuwarten, bis es endgültig so weit war. Als die Frauen noch dran waren, der toten Fatima die Hände zu falten und sie zu waschen, stand er wieder vor dem Geschäft, wo er die stabilsten und größten Kisten gesehen hatte; hier wurde mit Fernsehapparaten, Kühlschränken und Tiefkühltruhen gehandelt. Aber die verlangten für eine Kiste so viel, wie man als erste Rate für einen Ventilator hinlegt.

Er hielt sich an die Werkzeug- und Allerleiläden. Er nahm dort Lederriemen in die Finger und prüfte sie ausführlich; er ließ sich ein Sicherheitsschloß erklären, obwohl es selbst dem Verkäufer klar war, daß dieser Mann so was nie kaufen würde. Der Vater aber benutzte die Gelegenheit, um sich umzuschauen und um in den hinteren Teil zu kommen. In jene Ecke, wo Packpapier, Kisten, Kartonschachteln und Säcke lagen. Wo es dunkler war und wo sich die Mäuse und Ratten am liebsten verkrochen.

Aber Glück hatte er draußen, mitten auf der Straße und sogar in der Nähe der Busstation. Er wunderte sich, daß jemand einen so brauchbaren Kistenboden wegwarf. Man hatte ihn offensichtlich weggeschmissen, denn er lag unter einem Haufen von Bananenschalen und ausgepreßtem Zuckerrohr. Deswegen mochte ihn noch kein anderer entdeckt haben; ihm selbst war er auch erst aufgefallen, als er darüber stolperte und ein Hund bellte, der daran herumschnüffelte und gerade sein Bein heben wollte.

Man mußte nur die Nägel sorgfältig herauslösen, die meisten waren noch ein zweites Mal zu gebrauchen, nachdem sie der Älteste geradegeklopft hatte. Die Längslatten besaßen das gewünschte Maß, nur die Querlatten brauchte man zurechtzuschneiden, und dafür war die Säge gut genug, auch wenn sich ihr Blatt nie richtig spannen ließ.

Das Holz reichte für den Bodenrost und den Rahmen. Damit das Sargkistchen zu einem vollen Tragboden und zu vier Wänden kam, holte der Vater den dicken Karton hervor, der bei dem Zeug stand, mit dem er gewöhnlich das Dach und die Barackenwände flickte. Er wußte nicht einmal recht, ob es ein Karton war, oder eines von diesen modernen Materialien, das er immer öfter in die Finger bekam. Die Hauptsache war, daß es saubere Kanten gab und beim Sägen nicht splitterte.

Dann holte er die Rolle Kreppapier hervor, die er unterm Dach an der Stelle aufbewahrte, wo die Ziegel regendicht lagen. Seit dem letzten Karneval bewahrte er die Rolle auf. Er hatte im »Klub der Regatten« beim Schmücken der Klubräume und der Veranda mithelfen dürfen. Dort hatten sie die Wände Bahn um Bahn mit Kreppapier bespannt. Sie hatten die Streifen, welche die

Frauen zurechtgeschnitten hatten, von einer Ecke zur andern gezogen, sie so gedreht, bis zapfenlockige Girlanden entstanden. Sie behängten damit auch die Lampen und dekorierten damit auf der Veranda die Stützen und Balken. Dabei war eine Rolle übriggeblieben. Er hatte sie vorerst hinter dem Orchesterpodium versorgt; sie lag auch nach Aschermittwoch dort, und auch, als sie fertig waren mit dem Abbau und mit der eingerissenen Papierdekoration ein Feuer gemacht hatten. Der Vater erklärte der Größten, wie man Streifen schneidet, daß man mit der Schere lange dranbleiben muß, damit es nicht einen zerhackten Rand gibt; wie man nachher Fransen hineinschnipselt, in regelmäßigen Abständen, und daß man die nicht aus Faulheit zu dick macht, und wie man achtgeben muß, damit man von der Seite nicht zu tief in die Streifen hineinschneidet, weil die sonst gleich reißen.

Dann drohte der Vater wieder einmal, er werde davonlaufen, wenn das Gekeife nicht aufhöre. Die Tante schrie, sie habe gar nichts dagegen, daß die Mädchen ihre Schere benutzten, aber sie brauche sie auch, ohne Schere werde sie nicht fertig mit dem Kleid für Fatima, man solle die Schere so hinlegen, daß auch sie drankomme.

Und dann hatte eines der Kleinen sich das letzte Stück Kreppapier genommen und es wie eine Jupe um die Hüfte gewickelt und an den Rändern so lange mit den Fingern am Papier gezogen, bis sich wellige Rüschen bildeten. Als man ihr das Papier wegnahm, mußte man achtgeben, daß es nicht riß, denn der Vater brauchte das restliche Stück für das Sargkissen.

Die Fransenstreifen nagelte er rundum ans Kistchen, und zwar zuerst so, daß man die eingebrannten Stempel der Sardinenfabrik nicht mehr sah. Er ließ Platz für die

Schnur, die zum Tragen diente. Darauf nagelte er Streifen über Streifen, so daß man nur die Fransen sah. Es waren genügend da, so daß er die Innenseite der Wände ebenfalls damit ausstaffierte, wobei er zuerst die Nägel, die vorstanden, stumpf hämmerte, damit sich die tote Fatima daran nicht verletzte.

Das Sargkistchen kam zu einem Papierkleid von lauter Fransen, die schon beim leichtesten Wind zitterten – nur als das Photo gemacht wurde, verhielten sich die Fransen still; sie sahen noch hervor, als die erste Erdschicht über Fatima verteilt wurde und ihr Kleid, ihr Kränzchen und Sträußchen bereits zugedeckt waren, und einige Fransen blieben an der Schaufel des Totengräbers hängen.

Wer hat etwas von einer Seifenkiste gesagt? Es gibt da tote Kinder, wenn die so klein sind, kommen die in eine Schuhschachtel, und die wird irgendwo neben einem Abfallhaufen oder in einer zufälligen Mulde deponiert, und wegen der Hunde werden ein paar Steine draufgelegt.

Fatima, du bist nicht nur auf den Friedhof von Canindé gekommen, sondern auch auf einen ganz andern Friedhof. Dort gibt es nicht einen Totengräber, der manchmal den Schlüssel zum Portal verlegt und wie die Sargträger vor seiner Arbeit zunächst einmal einen Zuckerrohrschnaps benötigt.

Auf dem andern Friedhof sitzen viele Männer und Frauen an Pulten und Schreibtischen und vor dem Telefon. Sie hocken nicht unter einer Mangabeira, als ob es sich nicht lohnte, zwischendurch nach Hause zu gehen. Ihnen kann es gleichgültig sein, ob der Boden sperrig ist oder ob er nachgibt. Sie legen ihre Gräber auf einem Papier an, das sich willig einteilen läßt bis zu Millimeterfeldern. Sie brauchen weder Spaten noch Schaufel, sondern Kugelschreiber und Schreibmaschinen. Sie ziehen ihre Linien nicht von bloßem Auge oder mit einer Schnur zwischen zwei Hölzern, sondern benützen Lineal und Taschenrechner.

Du bist nicht nur auf den Friedhof von Canindé gekommen, sondern auch in die Statistik.

Dort hat deine Familie schon längst Unterkunft gefunden, auch wenn ihr gestaunt hättet, hätte euch jemand mitgeteilt, daß ihr in Diagrammen wohnt, am Koordinatenkreuz und in Pyramiden. Überall habt ihr euch in dieser Statistik einrichten dürfen; in Tabellen, Säulen und Blöcken, unten in Fußnoten und hinten im Anhang, und man hat euch auf beiden Seiten eines Kommas Platz angewiesen.

Dort wurde dein Vater Arbeitgeber. Er, der sonst hinter dem Markt mit andern darauf wartete, bis ein Patron vorfuhr und ein paar Männer für eine Arbeit aussuchte, und wo immer einige zurückblieben und manchmal auch dein Vater. Er, von dem man nicht recht wußte, ob er ein Kummer-Bauer sei mit einem Stück Land, das er gepachtet hat, um Mandioka zu ziehen, oder ob er ein landloser Tagelöhner sei, der bei Gelegenheit auf dem Feld und zur Erntezeit für die Fabrik arbeitete. Jedenfalls hat er manchem weißen Kragen zur Arbeit verholfen, indem er ihm Gelegenheit bot, sich mit ihm und seinesgleichen statistisch zu befassen. Dafür rechneten sie ihm einen Durchschnittslohn aus und setzten diesen nicht in Cruzeiros, sondern in Dollars fest.

Die größten Dinge in dieser Wunderwelt der Statistik fanden in den kleinsten Zahlen Platz, die Latifundien brauchten nicht mehr Raum als eure Baracken, alle Strohdächer und alle Flüsse kommen da unter, die Allwetterstraßen und alle Schafe, und die hungrigen Bäuche kriegen sogar die dickere Zahl als die satten. Es sind aufnahmebereite Zahlen, als wären sie mit neutraler Milch aus der Schweiz großgezogen worden.

Und was man da nicht alles zusammenzählen kann. Wie oft hast du deinen Vater schwitzen gesehen. Aber wenn man Tropfen um Tropfen gesammelt hätte und alles in einen Kanister getan, dann hätte man am Ende nicht nur einen Liter Schweiß erhalten, sondern auch vierhundertachtzig Kalorien.

Dank der Zahlen weiß man vieles. Zum Beispiel, wieviel Kinder in das Alter kommen, da sie in die Schule gehen müßten, und man weiß auch ziemlich genau, wieviel Schulplätze zur Verfügung stehen; man muß nur die

Plätze von den Kindern abzählen, und schon sieht man, daß für die Hälfte kein Platz da ist.

Aber manchmal muß man ein zweites Mal rechnen. Als die Leute in Erfahrung bringen wollten, wem das Land gehört, rechneten sie noch einmal nach, weil sie meinten, sie hätten einen Fehler gemacht, als ein Ergebnis herauskam, wonach wenigen so viel Land gehört.

Viele Studenten und Studentinnen halten unermüdlich Ausschau nach Zahlen; das sind junge Frauen und junge Männer, die einen Fragebogen aufstellen, bevor sie in die Welt hinausgehen.

Sie denken sich offene und fixierte Fragen aus, und sie tragen ihre Auskünfte zusammen: Wieviel Würmer hat das Kind? Fünfhundert? Tausend? Oder mehr? Und man braucht die richtige Antwort bloß anzukreuzen.

Denn auch in der Statistik haben sie einen Wundertäter, einen Computer, dessen Maul nicht viel größer ist als der Schlitz eines Opferstockes. In seinem Dienste stehen die Laienbrüder und Laienschwestern vom Dritten Orden des Recherchierens.

Wie der Boden Wasser braucht und die Hühner Würmer und der Kocher Kerosen, so muß auch ein Computer gefüttert werden. Da er einen Magen aus Drähten und Schaltstellen, aus Röhren und Schrauben hat, verlangt er ein komplizierteres Futter, als daß man nur Gras schneiden müßte, und die, welche füttern, reden wieder einmal Latein, auch wenn es nicht so lateinisch ist wie beim Pater.

Sie stellen einen Index auf. Sie streuen Durchschnittswerte aus und verwechseln nicht das harmonische mit dem quadratischen Mittel. Sie bereinigen Reihen, und wenn sie Werte benutzen, unterscheiden sie zwischen häufigen und wahrscheinlichen. Sie berücksichtigen die Standardfehler der Schätzung, sowohl maschinell wie elektronisch. Sie greifen auf Daten zurück und bereiten Informationen auf. Sie verfügen über gewogene und ungewogene Summen, gruppieren um und gruppieren aus, und wenn sie von einer Größe reden, kann es sich um einen Menschen handeln. Und immer ist dabei von dir und von deinem Nordosten die Rede.

Wenn du in deinem Blechteller kratztest und es war nichts mehr drin und du hast darauf geklopft – dann war das nicht einfach ein leerer Teller, sondern systembedingt.

Wenn dein Vater das Wachstuch über die Schnur hängte und Vater und Mutter dahinter sich auf der Matratze wälzten und stöhnten – dann hast du an Strukturfragen teilgenommen.

Wenn du eine Wasserträgerin geworden wärst, wärst du nicht einfach zur Zapfstelle gegangen, sondern du hättest jeden Tag einen Weg durch ein Modell der Unterentwicklung zurückgelegt.

Und wenn du noch einen so langen Namen hattest: Fatima Maria Conceição Rosa e Silva, du wärst immer eine Einheit gewesen.

Ganz genau geben die Zahlen Auskunft: darüber, wieviel Wasser ein Kleinkind im Verhältnis zu seinem Körpergewicht fürs Wachstum braucht. Wieviel Proteine und Vitamine es nötig hat und wieviel Eisen.

Wo aber hättest du zum Beispiel das Eisen herholen sollen? Du hast zwar oft am Boden mit einem Stecken gekratzt. Du hättest vielleicht tiefer graben müssen, bis du auf eine Ader gestoßen wärst. Und dann auf dem Kocher einen hohen Ofen bauen, um das Erz zu schmelzen, damit du zu dem Eisen gekommen wärst, das du nötig gehabt hast.

Während du Hunger gehabt hast, haben die andern genau unterschieden zwischen Hunger und Unterernährung. Und Unterernähung, das ist nicht einfach, daß man zu wenig zu essen hat. Sondern es gibt verschiedene Grade der Unterernährung wie bei der Verbrennung.

Vielleicht werden auch beim Tod verschiedene Grade unterschieden: beim ersten Grad Tod, da kann man noch herumgehen, beim zweiten noch die Arme heben und den Kopf etwas drehen, erst beim dritten Grad Tod ist man unbeweglich und stumm.

Sie haben dir in der Statistik ein Grab bereitet, das farbiger ist als dasjenige auf dem Friedhof von Canindé.

Du bist nicht in den blauen Kreis gekommen. Der bleibt den Kindern vorbehalten, die nicht älter als ein Jahr werden. Dorthin kam dein Bruder João, den du nie gekannt hast und der so klein starb, daß es hinterher kaum etwas von ihm zu erzählen gab.

Du bist in den grünen Kreis gekommen, wo die Kinder untergebracht sind, die zwischen dem ersten und fünften Jahr sterben, und dort bist du vielen Kindern aus deinem Nordosten begegnet.

Für alle Kinder zeichnen sie eine Kurve und tragen auf ihr ein, wieviel in dem Jahr, in welchem du gestorben bist, mitgestorben sind. Sie prüfen, ob sie noch immer hundertachtzig von tausend Geborenen gleich einmal abziehen müssen; dann rechnen sie nach, ob es nach wie vor von denen, die der Tod holt, siebenundvierzig Prozent sind, die nicht älter werden als fünf Jahre.

Es ist eine Kurve, die das Papier weit hinaufsteigt. Fast bis zu den Wolken, sofern Tabellen einen Himmel hätten.

Und diese Kurve ist oben leicht geknickt und zeigt nach unten, eine Rutschbahn, wie sie Kinder mögen. Du durftest drauf, denn nur tote Kinder wie du dürfen auf dieser Kurve rutschen.

Was soll dieser Büßerstrick, den sie dir umgebunden haben. Was für ein Springseil der abgäbe. Und all die Papier-Fransen an deinem Sarg, die könnte man doch als Drachen steigen lassen oder als chinesischen Hund hinter sich herziehen.

Nimm die Finger auseinander, Fatima, und hör auf, die Hände zu falten. Machen wir Schluß mit dem Engelchen. Komm, du bist doch schon höher geklettert als nur eine Grabwand hinauf. Ich helf dir.

Komm, wir hauen ab, Fatima. Irgendwohin, irgendwohin, wo es lustig ist. Ist dir nicht auch ums Lachen?

Wo möchtest du hin? Wir müssen uns rasch entscheiden, damit uns nicht das Kistchen, die Schaufel und der Spaten einholen.

Es ist ein Zirkus am Ort. Jedenfalls habe ich einen Anschlag gesehen. Und wenn es auch kein großer mit Elefanten und Löwen ist, es ist sicher einer mit einem richtigen Zelt.

Es wird einer von denen sein, die auch Theater spielen. Und es wird wohl wieder ein Stück geboten, wo ein Armer eine Tochter hat, die der Patron verführte. Wenn sich der Alte im Wohnzimmer wehrt, fällt ein Schuß. Aber nicht der Arme hat geschossen, sondern ein anderer Patron, der hinter dem Vorhang. Doch da hebt der Arme bereits den Revolver hoch, schon kommt die Polizei und findet seine Fingerabdrücke auf der Waffe, und sie führt den armen Bauern ab. So werden sich alle am Schluß in einer Reihe aufstellen und im Chor wiederholen: daß hienieden keine Gerechtigkeit herrscht.

Auch wenn es eine alte Geschichte ist, spannend ist sie immer. Wir werden etwas zu lachen haben: einer wird sicher stottern und einer wird bestimmt seine Hosen verlieren.

Aber wir gehen ja wegen der Kunststücke hin. In der vordersten Reihe werden wir sitzen. Und du, Fatima, du mußt nicht wie sonst zuerst zwischen den Beinen der Großen hindurchkriechen, bis du vorn bist und dann doch nur vor dem Emballage-Hag stehst.

Neinein, wir werden zwei Eintrittskarten lösen. Du wirst staunen, wie wichtig ich mir vorkomme, wenn ich dich einlade. Aber vorher kaufen wir noch was zum Knabbern. Und wenn's Popcorn sein muß. Und mehr als eine Tüte. Es werden bestimmt Hunde auftreten, die auf den Hinterbeinen gehen, und vielleicht bringen sie dem Herrn den Kaffee ans Bett, und einer mit einer Brille auf der Schnauze wird ihm aus der Zeitung wuff-wuff vorlesen.

Und die Affenkinder, die haben gewöhnlich Puffärmel, wo sie die geklauten Cajunüsse verstecken; aber sie werden erst Ruhe geben, wenn ihnen andere Affen Fernsehen vorspielen.

Der Anschlag verspricht auf alle Fälle eine Sensation, erstmalig hier zu sehen: Ein Mensch verschwindet. Nicht ein Toter in einem Grab, sondern ein lebender Mensch. Und nicht im Gefängnis. Sondern vor aller Leute Augen. Denn nachher ist er wieder da und macht einen Knicks.

Es gibt doch einen ganz tollen Zirkusdirektor in deinem Nordosten. Vielleicht ist er mit seinem Zirkus da. Der ließ sich mit fingerdicken Ketten fesseln, und hinterher erst noch mit Stricken binden; die Männer aus dem Publikum durften die Stricke anziehen; es schauten immer einige zu, die etwas von Knoten und Vieh verstanden. Dann aber hat der Gefesselte in seine Lungen so viel Luft gepumpt, daß die Zuschauer keine mehr kriegten und zu ersticken meinten, bis die Ketten und Stricke zu Boden fielen.

Diese Nummer werden wir kaum sehen. Denn ein Präfekt hat sie verboten, weil Kettensprengen politisch sei. Da hat sich der Direktor erkundigt, ob Glasscherben-Essen auch politisch sei, aber das war es nicht. So zertrümmert er nach wie vor Flaschen und reibt sich beim Essen den Bauch. Und nachher spuckt er Feuer, Flammen, so groß und wild wie Löwenmähnen, so daß wir alle nach einem Dompteur schreien.

Ein ganz toller Direktor, sag ich dir. Der wird jedes Jahr zweimal Vater, wofür er zwei Mütter nötig hat, denn er braucht sehr viele Kinder:

Kinder, um Pflöcke einzuschlagen und um Zettel zu verteilen, um an der Kasse zu sitzen und achtzugeben, daß niemand unter dem Emballage-Hag durchkriecht. Kinder, um die Pferde, die Esel, die Hunde und die Meerschweinchen zu füttern und um die Wagen aus dem Dreck zu schieben. Mädchen zum Tanzen und um dem Jongleur die Fackeln zu bringen. Buben für die Trommel, den Triangel und den Donner, und alle für den Purzelbaum und den Überschlag.

Da gibt es ein Mädchen, das ist nicht viel größer als du, und es balanciert in seinem kurzen Rock übers Seil ohne eine Stange in der Hand. Wenn es herunterfiele, würde es kaum auf dem Boden aufschlagen, dazu ist es zu hager und zu dünn. Drum muß es achtgeben, daß es keinen Schritt daneben macht, sonst trägt der Wind es fort, weg aus dem Zelt; dann nützt es nichts, wenn der Vater Direktor, seine Mütter und alle Kinder hinterherrennen und wir hinter ihnen.

Halten wir dem Mädchen die Daumen. Warum sagst du nichts, Fatima? Bitte, Fatima, sag doch was! Meinst du, der Zirkus sei schon weggezogen? Das ist schon möglich. Der Anschlag war nicht der neueste.

Aber es wird doch irgendwo sonst was los sein. Hat nicht irgendwo ein Heiliger Geburtstag oder eine Feuerwehr ein Jubiläum? Wird nicht Von-mir-aus-was eingeweiht? Wir können den Bus nehmen oder hocken einem Wagen hinten auf.

Sicher – es ist kein Festmonat. Es ist noch nicht Mai und schon gar nicht Juni mit seinen Raketen und seinem Feuerwerk. Es ist noch lange nicht so weit, daß die Hirten ihr Vieh vom freien Feld in den Korral treiben, um es zu brennen und zu kastrieren. Das wäre natürlich ein Fest gewesen, das wir nicht hätten verpassen dürfen. Auch wenn du schon einmal dran teilgenommen hast. Da geht man jedes Jahr gern von neuem hin.

Zuschauen, wie einige Kuhhirten die Kühe oder Ochsen jagen. Wie einer neben dem Tier reitet, damit es geradeaus läuft, während der andere Hirt zu Pferd das Tier treibt und plötzlich nach seinem Schwanz greift, damit es erschrickt und über die eigenen Beine purzelt und alle Viere in die Luft streckt – oder eben auch nicht, sondern weiterläuft und den Verfolgern mit dem Schwanz ade winkt.

Da hätten wir gepfiffen, dem Vieh zu Ehren und dem Hirten zur Schande. Dein Bruder könnte dir zeigen, wie man die Finger in den Mund steckt, statt daß er weiterschaufelt. Wir können deinen Bruder mitnehmen. Auch deine Schwester. Ich verstehe, daß du nicht mit einem fremden Onkel allein weggehen willst. Gehen wir doch alle zusammen. Das ist viel lustiger. Die älteste Schwester könnte nach Hause laufen und dein Kleid holen, das auch im Rücken Stoff hat. Das Sträußchen stecken wir einem Kind ans Kreuz und das Kränzchen zerknüllen wir, daß ein Ball draus entsteht, den man andern anwerfen kann, ohne daß er wehtut.

Wenn wir herumhorchen, erfahren wir, daß vielleicht sogar ein »Bumba-meu-boi« stattfindet. Das könnte noch sein. Da kämen wir nicht zu spät, auch wenn der Kapitän auf seinem Seepferdchen, dessen Tuch bis zum Boden reicht, längst das Spiel begonnen hat, dieser Bocamole, das ewige Weichmaul.

Jedesmal ist es lustig, wenn der Kuhhirt den Hut in die Luft wirft, mit den Armen um sich schlägt und mit den Füßen auf den Boden trampelt, die Haare rauft, in alle Richtungen läuft, lamentiert und vor sich herjammert: »Mein Ochs ist hin, was wird aus mir.«

Dann halten auch wir uns die Bäuche wie die andern. Dann sind alle Bäuche voll vom Lachen, auch die werden voll sein, die nicht gewohnt sind, voll zu sein, und sich deswegen krümmen, winden, fast platzen und sich vor Lachen übergeben.

Und wenn der Ingenieur am Boden herumkriecht, weil er die Brille verloren hat, werden wir ihm zurufen: »Dort ist noch ein Stück Land, das man dem Bauern wegnehmen kann!«

Und wenn der Stier auftritt und fragt, wie er heißt, werden wir es ihm nicht sagen; auch wenn er seinen richtigen Namen nennt, werden wir nicht nicken.

Und kommen die Söhne des Kapitäns, ducken und bücken wir uns, wenn sie mit den luftgefüllten Stierblasen auf uns Zuschauer einhauen.

Natürlich müßten wir aufpassen, wenn die Mulattin, die neben dem Orchester sitzt, erklärt, was alles auftritt: wer der Neger mit dem Lendenschurz ist und was für ein Dämon die Negerin unter ihrem Strohgeflecht von Hutdach. Wenn der Strauß erscheint, wissen wir selber, wie er sich nennt, obwohl er tätowiert ist. Und kommt die Schlange, brauchen wir keine Angst zu haben, denn die beißt nur Helden.

Dafür lachen wir wieder, wenn der Teufel den Sakristan holt und sich lange überlegt, ob er noch einen aus dem Publikum mitnehmen soll. Und wenn er vor uns steht, verstecken wir dich.

Aber dann – was kommt denn da: ist das einer oder sind das zwei. Da trägt ein Mensch einen andern oder wird der, der trägt, getragen. Es sind schon zwei, auch wenn sie zusammen nur einen Unterleib haben und nur einen Bauch. Darauf wachsen zwei Brustkörbe mit zwei Armen und einem Hals mit je einem Kopf darauf und auf jedem ein Hut. Und nach unten wachsen zweimal Beine; während zwei auf dem Boden stehen, hangen zwei nach hinten; wenn der eine oder der andere tanzt, tanzen immer vier Beine.

Es ist der Tote-der-einen-Lebenden-trägt, der alt-bekannte, ohne den das Spiel nicht auskommt. Man weiß zwar nie, ob ein Lebender in eine Puppe kroch oder ob sich eine Puppe einen Lebenden einverleibt hat; man kann nie genau feststellen, ob das Gesicht, das vorn herunterhängt und immer gleich lächelt, dem gehört, der starb, oder dem, dem es noch bevorsteht; auf alle Fälle klammert sich der eine an den andern, es wird gleichgültig, wer ausgestopft ist, der, welcher lebt, oder der, der schon tot ist.

Kaum haben wir gelacht, schleppt schon wieder einer an einem andern.

Vielleicht haben wir nicht dich, Fatima, auf den Friedhof getragen, sondern du hast uns hierher geschleppt, ohne ein Wort zu sagen und ohne auch nur einmal zu stöhnen, obwohl wir, die du getragen hast, so viel größer und dicker sind.

Willst du doch lieber hier bleiben? Wie ruhig der Sonntag ist. Nur das Kratzen der Schaufel und des Spatens.

Aber ein Kinderbegräbnis braucht doch nicht so ruhig zu sein. Wo sind die alten Sitten hingekommen? Oder hat dein Vater mit dir schon zu Hause getanzt, wie das sich einst gehörte. Daß der Vater den Kindersarg in die Arme nimmt und zu tanzen beginnt und alle andern in die Hände klatschen, singend und lachend, weil ein Lebewesen gefeiert wird, dem ein Leben erspart geblieben ist. Ein fröhlicher Tanz im Kreis, durchs Haus und ums Haus herum, und jedem, der mag, hält der Vater den Sarg hin und wiegt das Kind in einen Schlaf, aus dem es nie mehr erwacht.

Wo ist die Musik? Mir fehlt die Musik! Es ist doch Sonntag, da findet kein Markt statt, da haben die Sänger und Bänkelsänger frei. Sie sollen herkommen. Wir bieten sie auf. Sie sollen auf den Friedhof von Canindé kommen. Sie brauchen ja nicht ihre Lautsprecher mitzunehmen und ihre Anlagen aufzubauen. Aber ihre Instrumente müssen sie mitbringen, ihre Handorgeln, die Viola und den Pandeiro. Sie sollen ihre Verse vortragen und drauflos erfinden und dir und uns von deinem Nordosten erzählen.

Wollt ihr hören die Geschichten, die wir schaudernd euch berichten:

Die Geschichte von der Frau, welche nach ihrem Tod zum Transistor nackt vor Männern tanzte, unter denen sich auch ein Gouverneur befand.

Oder lieber die von dem Burschen, der ein Schwein liebte und der sich die Füße ablief, als er für seine Kinder Taufpaten suchte – wer die Adresse möchte, kann sie haben.

Oder gar die Geschichte von den beiden Kindern, die aneinandergewachsen waren, als sie auf die Welt kamen; aber als der Professor sie trennte, waren es plötzlich drei – es gibt Zeugen dafür und solche, die es selbst gesehen haben.

Wer davon nie gehört hat, bleibt eh stehen, und wer es schon weiß, der kann neues vernehmen:

Wie ein Buchhalter etwas Langhaariges liebte und erst nach der Hochzeit merkte, daß er einen jungen Mann geheiratet hatte, oder wie ein Protestant sich über die Padres lustig machte und in einen Esel verwandelt wurde, so daß er mit Ia-Ia das Lob des Herrn singen muß.

Unglaublich die Geschichten, aber was für Geschichten sollen denn sonst in einer Wunderwelt wie der unseren passieren, wenn nicht unglaubliche Geschichten, solche, die die Herren von den Zeitungen nie berichten, weil sie fest angestellt sind.

Aber es gibt Phänomene, die Welt ist voll davon, und

der Blutregen im mittleren Europa ist nur eines der bekanntesten.

Dabei gäbe es Ratschläge genug: solche für Witwen und solche extra für Neger, und jene nicht zu vergessen, die alle beherzigen sollten, welche zum Abenteuer ausziehen, um mit etwas Nahrung und Geld nach Hause zu kommen.

Keiner hat je ausgelernt. Es gibt immer einen Buchstaben mehr, als das Alphabet selber meint. Darum sei jedem sein eigenes Alphabet verfaßt: dem Schnapstrinker, jenen, die schlechten Willens sind, und jenen, die lieben:

»A« wie »aber«, »B« wie »bitte«, »C« wie »Caesar schon«, »D« wie »dennoch«, »E« wie »es wird wohl mal« und »F« wie »vorbei«.

Verehrtes Publikum, geneigte Leute: Wenn der Sänger nun eine Romanze anstimmt, die kein Herz trocken läßt, müßt ihr nicht nur nach dem Taschentuch greifen, sondern auch einen Cruzeiro hervorziehen.

Was mußte der arme Romeu schuften und sich plagen, bis er die Tochter des Großgrundbesitzers kriegte; aber als er in der Nacht erwachte, kämmte die Frau neben ihm Schlangen im Haar; dabei hatte er gemeint, mit der Hochzeit sei die Konfusion vorbei.

Da hatte es Floriano besser. Der fand auf der Arbeitsuche eine elende Hütte. Dort aß er in einem unbewachten Moment den Tapiokabrei auf, so daß der Vater sich erzürnte und ihn zwang, eine seiner Töchter zu heiraten, weil man nicht ungestraft einem andern das Mus wegfrißt. Das wäre vielleicht anders herausgekommen, hätte Floriano die beiden Negerinnen getroffen – die mit der Frisur, in welcher sie alle Salben und Töpfe unterbrachte, und jene mit nur einer Brust.

Da staunten die Hinterwäldler und Hinterbergler, wie die Taglöhner und Kuhhirten staunten, als mir nichts dir nichts ein Stier auftauchte, der glänzte, als sei er aus Seide. Schnaubte er, brannte der Busch; keinem gelang es, das Tier einzufangen, bis ein Mulatte auf einem Ziegenbock dahergeritten kam. Wie er den Stier niederwarf, erstarrten alle, denn der Mulatte begann ein Lied zu singen, schaurig und mastig, und was er sang, werdet ihr hören, sobald der Sänger mit dem Teller herumgegangen ist.

Und noch ganz andere Lieder werdet ihr vernehmen – von Heldentaten und Bubenstreichen und von beidem zugleich, von armen Schlichen und reichen Ränken. Am Ende fallen alle in die Fatalität, nicht nur der Mensch, auch das Tier.

Da hatte ein Kater eine gutgehende Schnapsbude und verkaufte auch sonst viel Nützliches. Der Hund hätte gerne eins getrunken, aber er konnte nicht bezahlen; so verwickelte er den Kater in eine üble Intrige; die beiden kippten vom Schnaps, bis der Hund englisch und der Kater französisch sprach, aber da schickte der Löwe ein Telegramm, damit es endlich Ruhe gebe.

Und da war ein Hahn: als der ausschlüpfte, fraß er gleich einen Sack Mais und blieb für immer kahl. Wie er krähte, liefen die Hähne zusammen; den ersten hackte der Kahle tot, den zweiten pickte er leblos und die andern brachte er mit seinem Krähen um. Als alle Hähne des Staates tot waren, begann er seine Laufbahn in anderen Staaten. Der Besitzer meinte, er würde reich, aber der kahle Hahn fraß immer einen Sack Mais mehr, als Geld hereinkam. So tötete der Besitzer heimlich den kahlen Hahn, als der sich gerade vom Krähen ausruhte; der Besitzer wurde reich, indem er in alle Staaten Hunderte von Kilos Fett verkaufte. Aus dem Brustknochen allein machte er ein Schiff, das war so groß, daß zweihundert Leute ertrinken konnten, als es unterging.

Das war eben ein maliziöser Hahn, verwandt mit jenem Truthahn, der eine ganze Kaserne in Alarmzustand versetzte, so daß ein Hauptmann hoffte, befördert zu werden.

Mysteriös, mysteriös wie jener Pfau, der aus Griechenland, wo die Griechen wohnen, ein Mädchen entführte und es in die Türkei brachte, wo ein kapitalistischer Witwer wohnte, der keinen Sonnenaufgang ausließ.

Wer das mit dem Pfau nicht glaubt, kann ein Blättchen kaufen, darauf ist er abgebildet mitsamt den Augen auf den Federn, mit denen er in die Vergangenheit schaut, bis in jene Zeiten, die vor der Sintflut und vor dem Sintbrand liegen. Und abgebildet sind auch jene Unglücklichen, die gezwungen waren, Menschenfleisch zu essen. Sie stürzten in den Anden ab, auf mehr als viertausend Metern Schnee; dort wirkt das Eis wie ein Eisschrank, so daß die Toten frisch blieben, bis sich die Überlebenden an sie machten, und unter denen, die gegessen wurden, war auch ein frisch verheirateter Pilot.

Nein – der Himmel läßt nicht mit sich spotten, denn das Emblem des Menschen ist der Tod und sein Thron das Grab.

Das vergaß Joaquim, als wieder einmal die Dürre kam; es war die vorletzte. Er holte eine Rakete hervor, wie man sie für die Juni-Feste in den Himmel jagt. Er adressierte einen Umschlag an Petrus, bat in einem Brief um Regen und fügte fünfzig Cruzeiros hinzu. Dann schoß er die Post in den Himmel. Es begann zu regnen, aber nur über dem Haus von Joaquim; es regnete in solchen Strömen, bis nicht nur sein Haus, sondern auch die Hütten seiner

Nachbarn weggeschwemmt wurden, so daß diese Joaquim umbringen wollten, worauf er in die Kirche flüchtete. Noch heute weiß man nicht – war Petrus wütend, weil man ihn bestechen wollte, oder waren fünfzig Cruzeiros zu wenig.

Man muß die Zeichen deuten, und die Zeichen stehen auf Untergang. Nicht nur, weil alles teurer wird, das Mandioka und das Trockenfleisch. Der Reis kommt bald nur noch in den Erzählungen vor, so daß die Jungen immer mehr mit den Ohren essen müssen.

Die Zeichen stehen auf Alarm. Bald wird es überall sein wie im Hafen der Armut: Dort bettelte eine Frau bei einem Händler um ein paar schwarze Bohnen, der aber meinte, wenn sie kein Geld habe, soll sie die Fingernägel kauen; da zeigte die Frau ihre Hände, und es waren keine Nägel mehr dran und kaum mehr Finger; sie hatte sie schon längst ihren Kindern hingehalten.

Nicht immer wird der Teufel so dumm sein, wie beim Vertrag, den er mit Damião abschloß: Als sie gemeinsam das Feld bestellten, wollte der Teufel alles, was über dem Boden wächst; da sie Mandioka pflanzten, machte Damião das Geschäft. Im nächsten Jahr beharrte der Teufel auf den Wurzeln, da hatten sie Tabak gepflanzt, und als sie im dritten Jahr Reis anpflanzten, kriegte der Teufel nicht die Frucht, dafür die Wurzeln und alles Grüne.

Nein, einmal wird der Teufel anders landen, er wird aus einer fliegenden Untertasse aussteigen und mit ihm unzählige kleinere Teufel. Sie kommen als Astronauten und bringen einen elektrischen Grill mit, den sie nicht von Hand drehen müssen; so können sie Karten spielen, während die Sünder braten, und alle werden braten, auch der Sänger Roberto Carlos und der Fußballspieler Pélé.

Da läßt sich der Teufel nicht mehr beruhigen, wie es noch mit Preto der Fall war. Der stieg mit seinem Leierkasten in die Hölle, wo alle Häuser fließendes Wasser haben; er konnte den Teufel beschwichtigen, denn der liebte Musik. Er war als Kind zu einer Tante gegangen, mit der er auf der Orgel Stürme und Unwetter geübt hatte. Preto konnte den Teufel beruhigen, weil Preto als Kind nie gelogen und als junger Mann nur soviel Schaden gestiftet hatte, wie unbedingt nötig.

Es kann nicht so weitergehen mit all dem Ye-Ye-Ye. Die Röcke werden immer kürzer, und jetzt fangen schon die Dreimonats-Witwen an, sich wieder anzumalen, und immer mehr gehen gar nicht wegen der Filme ins Kino.

Bevor es zu Ende geht, wird es heiß werden, und die Männer werden in Unterhosen herumlaufen und die Frauen in den Bikinis schwitzen; alle werden sagen, wie kühl war es damals, als bei uns noch die Dürre herrschte. Dann fließen die Flüsse nach oben, die Sonne geht im Westen auf und die Reichen wollen ihr Geld verteilen.

Denkt an Hiob, der klagte nicht, der schickte sich in sein Schicksal, der fluchte auch nicht, als er nichts mehr zu trinken hatte, und machte sich nicht an den Sprit, wie ihn João einmal in der Verzweiflung aus den Lampen soff. Als der Alkohol ihm hochkam, explodierte er; als ihn seine Freunde zusammensuchen wollten, tappten sie im Dunkeln, denn er hatte auch aus der letzten Funzel den Sprit getrunken.

Glücklich, wer all dem Elend entgeht. Es gibt keinen besseren Weg, dem zu entkommen, als den Tod. Glücklich, wer zur rechten Zeit starb. Und glücklich alle jene Kinder, denen als kleine Engel soviel erspart bleibt.

Denn einmal wird es aus sein – dann braucht es nicht

einmal mehr Räuber. Wollt ihr hören die Geschichten von Räubern und Banditen. Von jenem Räuber, der zu einem Rosenkranz betete, den er aus den Ohrläppchen seiner Gegner verfertigt hatte.

Und dieser Antonio Silvino. Zwanzig Jahre regierte er übers Hinterland mit seinem goldenen Gewehr. Das Meer hörte er zum ersten Mal, als er im Gefängnis saß. Dort hat er die zartesten Vogelkäfige geflochten, die je im Nordosten auf den Markt gekommen sind.

Und dann Jesuinho Brilhante – das glänzende Jesulein. Er überfiel die Transporte, um die Nahrung an die Armen zu verteilen. Er zwang Männer, die sich Frauen gefügig gemacht hatten, diese zu heiraten, er wachte über die Ehre der Witwen. Er wohnte in einem Palast aus Felsen. Wenn er ritt, ritt er geradeaus, durch die eine Wand ins Haus und durch die andere hinaus.Rothaarig wie keiner, flink mit der Rechten wie mit der Linken, und flink mit dem Dolch wie mit dem Gewehr und rasch mit dem kleinen Gewehr in der Linken und mit dem großen in der Rechten – das eine Gewehr könnt ihr im Museum von Mossoró sehen und das andere im Museum von Martins, falls ihr einmal hinkommt.

Oder wie wär's mit der Geschichte von Virgulino Ferreira da Silva, den ihr alle unter dem Namen Lampião kennt . . . Noch immer treibt sich Lampião in seinem Nordosten herum. Nicht mehr gejagt und gehetzt von Polizei und Armee. Längst hat er Unterschlupf gefunden in Herzen und Versen, auch wenn er es in keinem Reim lang aushält. Er, der sich nach einer Laterne nannte – eine Leuchte, die nicht den Weg durch die Nacht weist, sondern ein Licht, das ins Dunkel führt. Geheißen nach jenem Blitz, der aufknallt, wenn ein Schuß fällt. Wo sollte er hingehen, nachdem sie ihm den Kopf abgeschnitten hatten.

Petrus jedenfalls öffnete nicht, als er durch den Spion Lampião ans Portal poltern sah: er machte die Türe keinen Spalt auf, damit Lampião nicht seinen Fuß oder den Gewehrkolben dazwischen klemmen konnte. Als Lampião schimpfte, er wolle den Chef persönlich sehen, ließ Petrus den eisernen Vorhang herunter und führte Lampião auf einem Prospekt alle Sünden vor, so daß dieser darob in Verzückung geriet und vergaß, in den Himmel kommen zu wollen.

Aber auch der Teufel ließ ihn nicht herein und redete durch die verschlossene Tür. Wenn einer in der Unterwelt tobe, sei er das selber, sagte der Teufel. Er lasse seine Bösewichter und Kinderschänder, die Deputierten und Übeltäter, seine Halsabschneider und Richter nicht durch einen Lampião verderben. Der Teufel blieb auch hart, als Lampião drohte, er werde die Hölle anzünden.

Wo geht der Räuber hin, den weder der Himmel noch die Hölle einläßt und der nicht nach Amerika auswandern will.

Er kehrt, wenn er Lampião heißt, in seinen Nordosten zurück, in das menschenfeindliche und räuberfreundliche Hinterland. Hier kennt er Versteck und Hinterhalt, hier hatte er über alle Kakteen und ausgetrockneten Täler regiert, ein König und Freiwild.

Viele haben Köpfe, und viele Politiker kriegen für ihren Kopf Geld, aber auf keinen Kopf war je so viel ausgesetzt wie auf den von Lampião.

In seinem Hinterland war er unwidersprochener Bandit. Fiel sein Name, flüchteten Dörfer. Aber seine Männer holten jede Frau hinter jedem Busch hervor, ihnen entging nichts, was vergraben war, und den widerspenstigen

Männern schnitten sie ab, was vorstand, und nicht nur das Geschlecht.

Aber die Leute flüchteten auch vor der Polizei und versteckten sich, wenn die Militärs kamen. Die vergewaltigten und prügelten nicht so rasch; da sie nicht verfolgt wurden, sondern selber Verfolger waren, nahmen sie sich Zeit dazu.

Lampião war ein Freund des Volkes. Er hat bei den Reichen geholt, was er an die Witwen und Waisen verteilte. Er verstand zu kassieren, nicht nur bei der Baronin von Agua Branca, die nicht einmal wußte, wieviel all der Schmuck wert war, den Lampião in der Nacht während Stunden heraustrug.

Ach wo – er war ein Freund der Großgrundbesitzer. Er hat mit ihnen Pakte geschlossen und denen, die zahlten, Freipässe ausgestellt, und viele von ihnen dienten ihm als Informanten, waren die Truppen hinter ihm her. Er hat bei den Reichen geholt, weil dort was zu holen war – bei den Frauen haben sie das geholt, was auch eine Arme hat.

Er war ein frommer Bandit, er ging zu den vorgeschriebenen Stunden in die Knie, ob er attackierte oder auf der Flucht war, ob er sein Gewehr putzte oder liebte: er hatte seine offenen Stunden und wußte, was am hellichten Mittag und was um Mitternacht geschieht.

Er trug auf der Brust ein Medaillon, aber es half nichts, als ihn der Schuß traf; denn die Kugel war nicht getauft, und so hat sie das Medaillon nicht respektiert.

Von großer Statur war er, prächtig anzuschauen, mit schmalen Fingern, die hätten studieren können.

Es hieß, er sah eher nach einem Mulatten aus, und für jene war er groß, die meinen, daß ein Mann mit jedem Mord einen Zentimeter wächst.

Hager und mager war er.

Er war von hagerer und magerer Traurigkeit.

Auf einem seiner wilden Ritte stach ihm ein Ast ein Auge aus.

Es war ein Glasauge, das tränte, aber das Brillengestell war aus Gold.

Er war ein Rächer. Er rächte seinen Vater, der von jenen umgebracht worden war, die sein Leben hätten schützen sollen. Und da kein Gericht den Mord sühnte, nahm Lampião selber das Recht in die Hand und nahm dazu ein Gewehr.

Er war ein Totschläger, ehe die Polizei seinen Vater getötet hatte. Er mordete nicht erst, als die verfeindete Familie seiner eigenen eine Ziege stahl. Er wollte von Anfang an einer Bande beitreten, bis er dann mit seinen Brüdern selber eine auftat.

Wie hat er sich der Frauen und Kinder angenommen, deren Männer fielen oder ins Gefängnis kamen, und einmal hat er sich gar als Hebamme betätigt.

Er hat eben Wort gehalten. Er hat seinen Mannen versprochen, daß keiner in der Hängematte und keiner bei der Verdauung sterbe.

Er war ein Kind des Volkes, das nie in die Schule ging, er hat zwischen Patronen und Sätteln lesen gelernt.

Er wollte nicht nur Gedichte lesen, sondern wissen, was alles in den Zeitungen über ihn stand.

Was für ein Militär wäre er gewesen – er hat privat eine Stadt wie Mossoró belagert.

Aber er hielt sich dann doch lieber auf den abgelegenen Höfen im Hinterland auf.

Manchmal verfolgten ihn die Soldaten von mehr als zehn Teilstaaten auf den verschiedensten Spuren.

Sie hatten nicht nur Angst – solange sie ihn verfolgten, kriegten sie ihre Sonderzulage.

Aber die Armee hat ihn selber zum Hauptmann ernannt, um die Kolonne des Kommunistenführers Prestes zu liquidieren.

Aber wie kommt's, daß er das Hauptmann-Patent annahm und Prestes doch nicht folgte.

Über achthundert Männer hat er insgesamt befehligt.

Und als es aus war, hießen seine Mannen: der Taucher, der Verschiedenartige, Donnerstag, der Elektrische und die Zündholzschachtel.

Ohne Verrat hätten sie ihn nie gekriegt. Sie haben ihn verpfiffen.

Es war ein ganz gewöhnlicher Überraschungscoup.

Maria Bonita war bei ihm, als sie in der Frühe kamen. Sie machte ihm einen Kaffee, sie hatte ihren Mann verlassen und war ihm als Räuberbraut gefolgt und hatte kleine Räuber geboren.

Auch ihr haben sie den Kopf abgeschnitten und ließen wenig Hals daran, auch ihren Kopf haben sie am Fluß gewaschen und dann in Kerosen getan und in Blechkanistern in die Hauptstadt gebracht.

Auch die Hände haben sie Lampião abgehackt. Nicht um sie auf den Posten zu bringen, sondern weil an den Fingern die Ringe waren.

Und nicht nur echte, auch viele falsche Steine. Aber an Lampiãos Hand hätte kein falscher Diamant gewagt, nicht zu leuchten.

Zunächst wurden die Köpfe auf einem Hauptplatz aufgestellt, auf einem dreistufigen Gestell, mit weißen Tüchern belegt. Da waren die abgeschnittenen Köpfe zu sehen und zuvorderst natürlich Lampião und dahinter der

Kopf von seiner Bonita. Um diese und die anderen Köpfe Patronengürtel und die Lederhüte mit den aufgenähten Münzen drapiert.

Und es wurden Photos gemacht und als Postkarten verschickt, damit auch jene, die nicht in Alagoas wohnten oder zufällig hinkamen, damit auch die etwas davon hatten und sehen konnten, wie Räuber ausschauen, wenn sie nur noch Köpfe haben.

Dann wurde der Kopf von Lampião und seiner Bonita in Sprit getan und beide in Gläser aufbewahrt und in einem Gerichtsmedizinischen Institut aufgestellt. In der Ewigkeit von Alkohol und Formalin fielen die Räuberköpfe nicht der Verwesung anheim.

Aber dann kam ein Direktor und sagte, man habe lange genug diese Köpfe anschauen können, und stellte sie weg. Doch gibt es einige, die behaupten, Lampião habe seinen Kopf selber geholt, um nicht kopflos durchs Hinterland reiten zu müssen, und er habe auch den von Bonita mitgenommen.

Seinen Tod aber hat ein anderer Räuber gerächt. Der brachte um, wer zur fraglichen Zeit im Haus zugegen gewesen war, wo sie Lampião fingen. So hat er bestimmt unter allen auch die Schuldigen getroffen. Nur einen ließ er leben, einen alten Mann, der mit kunstvollen Worten jammerte und flehte; er wurde geschont, damit einer da sei, um auf den Marktplätzen und vor den Kinos zu erzählen, was geschehen war. Aber man hatte ihm vorher die Augen ausgestochen, damit er sich nicht durch Neues ablenken lasse, nachdem er einmal Großes gesehen hatte.

So spannend die Geschichten sind, so unerwartet der eine Bänkelsänger dem andern ins Wort fällt, so unheimlich sie die Augen rollen und so komisch es ist, wenn der eine plötzlich mit dem Pandeiro sich auf den Hintern schlägt – wir hätten ihnen, Fatima, doch wirklich bei anderer Gelegenheit zuklatschen können als hier an einem Grab.

An jeder zweiten Straßenecke steht ein Kind. Über jeden Vogelkäfig schaut eines hervor. Öffnen sich die Fensterläden, wachsen zwischen den Blumentöpfen die prächtigsten Lutscher in Kindermäulern. Spaziert ein Eiscornet durch die Straße, geht es bestimmt an der Leine einer Kinderzunge. Raschelt es im Zuckerrohr, stecken Kinderbeine drin. Und löst man einen Kaffee-Bon und wird die Geldschublade zurückgestoßen, schnellt mit dem Klingelzeichen neben einem eine Hand hoch fürs Herausgeld, als wäre an der Kasse ein Kinderarm angeschlossen.

Es hätte wirklich nicht an Gelegenheiten gefehlt, einander kennenzulernen.

Hinter jedem Verkaufsstand hantieren Kinder. Jedem Ball rennen sie nach. Sie klettern an Autos herum und stampfen in die Pfützen. Heben Flaschendeckel auf und polieren sie und drücken ihre Gesichter an die Scheiben der Restaurants. Halten Schuhbändel und Zündholzschachteln feil und essen die Kaugummis und Bonbons nicht auf, die sie anbieten. Stolzieren an der Hand ihrer Mama und schauen gelangweilt durch die Autofenster.

Klopfen mit den Bürsten auf ihre Schuhputzkästen und zerren die Passanten an Hose und Jacke. Sie lassen den Schwanz der Katze nicht mehr los und holen mit einem Stein vom Baum eine Nuß herunter und reißen im Park Blumen ab. Kriechen über die Bänke und unter sie. Sie trommeln auf alle Kisten und Kübel und kleben vor den Schallplattengeschäften. Zerren die kleineren Brüder und Schwestern hinter sich her, tragen sie im Arm und buckeln sie durch den Verkehr und hauen ihnen eins herunter. Hocken sich auf den Randstein, die Pakete neben sich, die sie austragen müßten. Lauern bei den Stehbars und stürzen sich auf die Reste in den Tassen und auf den Tellern. Schubsen einander auf die Straße und laufen einander als Räuber und Polizisten nach und tragen einen Kamm herum, den sie irgendwo aufgetrieben haben. Brüllen, weil sie eine Stimme haben, kratzen sich, weil sie einen Bauch haben, und zählen ihre Finger zum siebten Mal. Stolpern über die Füße der andern und über die eigenen. Halten einem ein Los hin und sammeln alte Zeitungen, reiten auf jedem Mäuerchen oder liegen einfach an der Hauswand und schlafen.

Doch dich, Fatima, dich hab ich in einem Sargkistchen kennengelernt. Wer weiß, ob wir so lange miteinander geredet hätten, wenn du eines der Kinder gewesen wärst, die sich sonst herumtummeln und herumbrüllen und überall herumstehen. Du hast den Weg versperrt, indem du dich ganz ruhig hieltest.

Aber wie dem auch sei – überallhin hätte ich dich lieber begleitet. Und wenn ich hätte einen Wunsch vorbringen dürfen, dann wäre ich dir am liebsten in die Schule gefolgt, obwohl das verdächtig sein kann, einem fremden Mädchen einfach so nachzulaufen.

Aber dafür hättest du größer werden müssen. Du hättest für die Schuluniform einen Rock und eine Bluse gebraucht. Dafür hätte das Nachthemd der Tante nicht gereicht. Es wären Kleider gewesen, aus denen du herausgewachsen wärst, und nicht ein Faltenkleid, das eines Tages größer ist als du.

Man hätte statt einem Kränzchen und einem Sträußchen Bücher und Hefte kaufen müssen, einen Gummi und ein Lineal und Farbstifte. Und eine Tasche, um all das Schulzeug hineinzutun. Eine Tasche, auf die man einen Donald Duck klebt, ein Abzeichen oder einen Popstar.

Angenommen, es wäre ein Platz in einer Schule frei gewesen, und angenommen, wir hätten uns all das leisten können, was du brauchst, um in die Schule zu gehen –

du hättest dich mit den andern im Schulhof aufgestellt. Die Lehrerin hätte es vorgemacht: den rechten Arm dorthin strecken, wo die Sonne aufgeht. Und die linke Hand dorthin, wo sie untergeht; dann liegt der Norden dort, wo die Nase hinschaut. Aber hättet ihr Windrose gespielt und hättet ihr euch im Kreis gedreht, hätte die Nase nicht mehr nach Norden gewiesen, weil sie keine richtige Nadel und der Mensch kein verläßlicher Kompaß ist.

Du hättest gelernt, daß ein Kontinent eine große Ansammlung von Land ist und der Ozean eine solche von Salzwasser. Du hättest auf einem Blatt deinen Kontinent gezeichnet und darin ein Land Brasilien und in dieses Land hinein deinen Teilstaat Ceará und dort einen Punkt gemacht für den Ort, wo du auf die Welt gekommen bist, und du hättest dafür verschiedene Farbstifte benutzt.

Du hättest mitgelacht, wenn das Fräulein erklärt hätte, daß alle, die aus diesem Staat Ceará kommen, »Plattköpfe« heißen, weil ihre Gesichter vorn plattgedrückt sind, als wachse ihnen keine Nase. Und der mit dem plattesten Plattkopf hätte vor die Klasse hintreten müssen. Die Lehrerin hätte gesagt, die Leute meinen, diese Plattköpfe kämen daher, weil hier die Leute in den Hängematten schlafen, dabei sind die Indios schuld an dieser Kopfform. Du hättest über deinen Nordosten soviel lernen können. Du hättest gelernt, daß in deinem Nordosten zwischen dem grünen Küstenstreifen und dem ariden Hinterland eine Übergangszone liegt, der »agreste«. Du hättest noch viel schwierigere Wörter lernen müssen, für Dinge, die du schon gesehen hast, und dann für all die Dinge, die du noch nie gesehen hast und von denen du viele immer nur dem Wort nach gekannt hättest.

Du hättest geübt, wie man »Hydrographie« schreibt, weil die Bäche, Flüsse und Weiher so wichtig sind. Du hättest erfahren, daß in deinem Staat der größte Stausee Südamerikas liegt und daß man in einem andern Stausee einen Stein findet, der alle Wörter wiederholt, die man ihm zuruft, auch die unanständigen.

Du hättest nicht nur wie dein Bruder die Weltmeere auswendig gelernt, sondern auch all die Häfen an der Küste, wo Asphalt und Sisal verladen werden, wo Schiffe bereit stehen für die Ananas, die Baumwolle, den Zucker, die Pflanzenöle, die Mamona, den Kalk und die Felle.

Du hättest ein Heft gehabt, um hineinzuzeichnen. Auch den Xique-Xique-Kaktus. Den man zerkleinern kann, aber aus jedem Stück wächst wieder ein neuer, wie man auch den Wurm zerteilen kann und man nachher zwei hat. Nur den Menschen, den kann man zerreißen wie man will, es gibt aus den Teilstücken keinen neuen draus, auch wenn es von ihm heißt, daß er ein armer Wurm sei.

Du hättest alles über die Carnaúba-Palme erfahren. Die

zunächst einmal schön anzuschauen ist. Und die immer Grundwasser ankündigt. Aus ihrem Stamm gewinnt man Holz für Häuser und Möbel. Mit ihren Blättern deckt man die Dächer. Aus ihren Wurzeln kann man Medikamente machen und aus ihren Früchten einen Sirup und einen Schnaps. Und man kann die Blätter so lang pressen, bis sie Wachs hergeben. Daraus lassen sich viele Wichsen und Schallplatten herstellen. Und das Fräulein hätte gesagt, wenn man unter der Palme sitzt und ganz still ist, kann man etwas von der Musik hören, die später aus den wächsernen Rillen der Schallplatten tönt.

Ein Wunderbaum, den man ins Parlament wählen müßte. Ihr hättet an die Tafel Kreuzworträtsel gemalt und dort eintragen müssen, wie das »Land der Monolithen« sonst heißt, was die »Prinzessin des Nordens« für einen andern Namen trägt und wie die »Stadt der Grünen Meere« sich auch noch nennt.

Und wenn du solange in die Schule gegangen wärst wie dein ältester Bruder, hättest du gelernt, daß all das, was man flüstert und quatscht, was man redet und spricht und ruft und sich mitteilt, daß all das Regeln hat und daß man da die verschiedensten Sätze unterscheidet. Solche für die Hoffnung mit allen »obgleich« und »obwohl«, Kausalwörter, nicht nur fürs Leiden, und irreale Bedingungssätze fürs Glück. Du hättest üben müssen, weil in deiner Sprache auch das Futurum einen Konjunktiv hat: es wird würden.

Was soll's – wäre ich ein bißchen länger im »Posto« geblieben, hätte ich einen zweiten Schnaps getrunken oder eine zweite Münze in den Wurlitzer geworfen. Wäre ich früher ins Hotel zurückgekehrt oder hätte ich mir den »Saal der Wunder« genauer angeschaut oder wäre ich länger im Tierpark geblieben. Hätte ich überhaupt einen anderen Bus genommen – ich hätte dich nicht getroffen. Ich hätte dir nicht ein Leben andichten müssen, als wärst du dadurch selber ein bißchen weniger tot.

Du stammst aus diesem Nordosten und hast ihn nicht kennengelernt. Ich, ein Fremder, bin in deinem Nordosten gereist. Soll ich so tun, als könnte ich dir zurückgeben, was dir schon gehört?

Und doch – laß uns von deinem Nordosten erzählen, zumal es heißt, daß hier den toten Kindern nicht nur die Haare und Nägel nachwachsen, sondern auch die Ohren.

Wer ist sonst nicht alles hier angekommen.

Hier, wo die Indios ihre Toten aßen, damit die kein Heimweh und keine Furcht haben, und die zerriebenen Knochen der Verstorbenen in den Wind streuten, weil man in den Boden nur tat, was wachsen konnte. Indios, die eines Tages nicht mehr Nomaden und Jäger waren, sondern gejagt wurden, immer weiter zurückgedrängt, dennoch aufgespürt und aufgerieben. Bis auf die Männer, die den Eroberern als Soldaten dienten, und bis auf die Frauen, die ihnen als Frauen dienten. In Erinnerung daran strähniges Haar und schmale Augen, eine Methode fürs Roden und um Flöße zu bauen, ein paar Ausdrücke für Früchte und Tiere, für einen bestimmten Wind und einen besonderen Regen und sicherlich für die Caatinga, den lichten Wald, der kaum Laub hat und kein Blätterrauschen kennt.

Wer ist sonst nicht alles angekommen, seitdem die Portugiesen mit ihren Karavellen landeten und deren Armbrüste und Feuerrohre wirksamer waren als Schlachtkeulen und Pfeile. Unter denen, die ins Innere vordrangen, war auch jener, der auf die schöne Iracema stieß. Da ein Schriftsteller den weißen Krieger und die Indianerin zusammenführte, geschah es an einem Wasserfall. Aber der Portugiese verließ die Indianerin und nahm seinen Sohn mit, seither suchen die Söhne seines Sohnes die Mutter im Hinterland. Es stellten sich aber nicht nur die ein, die Festungen bauten und Kirchen errichteten und immer mehr Boden okkupierten, bis ihnen das ganze Land gehörte.

Es wurden auch die ausgeladen, die man von Afrika hierher verschleppt hatte. Sklaven en gros und im Detail gehandelt, die auf die Zuckerplantagen kamen und deren Hütten zusammen mit dem Herrenhaus um ein Kreuz und einen Pranger standen. Diesmal schwarze Sklavinnen, über die die Herren verfügten. In Erinnerung daran eine aufgehelltere Haut, ein paar Worte für ein paar Gerichte und ein paar Tänze. In den Herzen afrikanische Göttinnen und Götter mit ihren Zaubersprüchen. In den Beinen ein Rhythmus, der sich nicht wegtaufen und nicht wegpeitschen ließ, so daß die Trommel noch einmal hätte erfunden werden müssen.

Es landeten all die, welche der Wind hierher verschlug, die, die einem Gerücht folgten, und die, die wegen der Schmuggelgeschäfte ausstiegen und ebenso heimlich abzogen. Franzosen, die das dunkle Brasilholz schlugen, und Holländer, die sich kurze Zeit festsetzten und für die Apotheken und Parfümerien auch nach Bernstein Ausschau hielten.

Es kamen aus allen Herren- und Erobererländern die Missionare, den allein-seligmachenden Finger erhoben und taufend, was am Wegrand raschelte, und sich selber bekreuzigend, als sie sahen, wie hier ein Baum und der Boden nackt sein können.

All die Naturkundler, die sich in Verwitterung auskannten und das kristalline Plateau studierten und die Lehmböden und die Sandböden untersuchten, den Buschwald, die Savannenlandschaft und die einjährigen Gräser.

Und die Zoologen, die die Vieraugen-Beutelratte und

das Dreibinden-Kugel-Gürteltier beobachteten. Die unter den Vögeln auch den Schmied beschrieben und sein Nest, das als dorniges Reisigbündel in den Ästen hängt. Und die dem Soffrer-Vogel einen anderen Namen gaben als das Volk, das behauptet, der Soffrer stoße nur einen einzigen Laut aus: »Lei-den, Lei-den«.

Und dann all die Entwicklungshelfer, die immer wieder erstaunt waren, daß sie viel mehr Sand antrafen, als sie je in den Sandkästen ihrer Seminarien gesehen hatten.

Neben all ihnen und neben so vielen anderen, den englischen Eisenbahn-Konstrukteuren und den amerikanischen Staudamm-Spezialisten, den Zigeunern aus Spanien und den Gemüsepflanzern aus Japan, den Juden aus der zuletzt verwehrten Wahlheimat und den Türken aus dem Libanon, den Investoren von überall, den Quacksalbern von irgendwo und den Piraten von gestern und heute –

warum sollte nicht ein Fremder mehr ankommen.

Hier lockte die Küste schon mit ihren natürlichen Häfen. Und nicht nur die, hinter der sich ein grüner Waldstreifen öffnete. Sondern auch die andere Küste, wo nur dünne Palmenhaine wuchsen und manchmal nicht einmal das, aber wo man Salzfelder anlegte und das Salz schiffsweise abtransportierte.

Es lockte auch das Gebirge. Allerdings eines, das nirgends sehr hoch ist, inmitten von Steintrümmern zuweilen ein vereinzelter Zahn, Hügel mit abgeschliffenen Kuppen, Inselberge, Mauern aus Felsbrocken, ausgewaschene Trichter und zerklüftete Halden. Diese Hügelzüge und Berge sahen verdächtig nach Gold und Silber aus, doch sie enthielten nichts von dem, so daß umsonst gestritten, prozessiert und gemordet wurde.

Aber es gab und gibt ja noch immer das Schürfrecht an den Bauern, Landarbeitern und Taglöhnern.

Denn es lockte auch das Hinterland mit seinen Weideplätzen. Immer tiefer hinein verlegten die Patrone ihre Zäune und Häge aus Steinen, Kakteen, geflochtenen Ästen, Latten und zuletzt aus Stacheldraht. Immer tiefer hinein ließen sie ihre Herden treiben, bis auf das grüne Hochland. Wo die Rinder und Ziegen alles kahl gefressen hatten, gediehen Kakteenfluren.

Ein Hinterland, aber nicht nur, um sich Besitz abzustecken, sondern auch um sich abzusondern. Für Eigensinn und Eigenmacht. Abseits der ordentlichen Straßen und der ordentlichen Gerichte. Wo man die Urteile unter sich fällt und sie mit Messer und Revolver vollstreckt und nicht nur nachts und nicht erst so weit hinten, wo, wie es heißt, die Blitze sich in Steine verwandeln.

Ein Terrain mit seinen Grotten, Mühlen und Felsenburgen, ergiebig für Räuber, Desperados und Deserteure. Und somit ergiebig für Polizei und Militär. Für Patrouillen, Streifzüge, für Manöver, Ausmärsche, Strafexpeditionen, für vorgeschobene, vergessene und verlorene Posten.

Aber nicht nur ein Terrain, um entsprungene Delinquenten einzufangen, sondern auch um dem Puma und dem Jaguar nachzustellen, wie sie vereinzelt noch im Buschwald vorkommen. Im Wald aber wohnt auch Capoeira, die die Jäger jagt und die getöteten Tiere rächt und die unerwartet den Weg versperrt, die so plötzlich da ist wie der alterslose Kuhhirt, der bei den Volksfesten auftaucht, den unbesiegbaren Stier zu Boden wirft und hinterher ohne ein Wort und ohne eine Spur davonreitet.

Ein Hinterland der Wallfahrten, Hungermärsche und Gespensterrunden, der Siedlerzüge und Trauergefolge, ein Hinterland, durch das die verschiedensten Kolonnen ziehen:

Die Kolonne der Blattschneider-Ameisen, die farbige Blütenblätter buckeln, vielfach größer als ihre Körper, eine emsig hinter der andern, und die gemeinsam einen flinken, zittrigen Weg auftun, der mit der letzten Ameise verschwindet.

Und die stumme, einbeinige Kolonne der Telefon- und Telegrafenmasten, die Isolator um Isolator die Leitungen weiterreichen, quer durch Täler und schnurgerade über die Hügel, die einzelne Masten zuweilen verknorzt und gekrümmt, wie die Stämme eben wuchsen.

All die Büßer, einen Strick um die Kutte gebunden, ein mannshohes Kreuz schleppend, die Schulter wundgerieben, ein schwarzes Tuch überm Kopf, so daß die Büßer einen zweiten brauchen, der sie führt und der sie zu den Gutshöfen bringt, wo sie sich blutig geißeln, so daß man die Kinder versteckt.

Und all die Diebe, die sich als Büßer verkleiden und nicht nur die milde Gabe entgegennehmen, sondern auch das Kupfer und Silber davontragen.

Ein Land, um wegzulaufen, um es aufzugeben und um auszuwandern. Ein Land der Landflüchtigen. Und diese auf den Lastwagen hinten drauf, zusammengepfercht und sich an einer Stange haltend, als hätte man sie drangebunden wie gefangene Vögel, die man auf dem Transport nicht verlieren will.

Hier, wo die Leute die Bäume um die aufgedunsenen Stämme beneiden und meinen, es wäre für den Menschen besser, nach Art der Pflanzen, eine Haut aus Wachs, Leder oder Filz zu haben.

Wo die Geier am ehesten das entlaufene Rind oder die

verirrte Ziege ausfindig machen und ruhig über ihnen kreisen, bis die Tiere verdurstet sind, und wo sie dem alten Pferd folgen, das man nicht töten, aber auch nicht weiter füttern mochte.

Wo die Papageien am Abend zu einem langen Heimweg ansetzen, und wo um jede menschliche Behausung Hunde streunen, die Samariter unter den Vierbeinern, die Lazarus einst die Wunden leckten, so daß man ihnen, die man sonst mit Steinen vertreibt, einmal im Jahr ein Festmahl bereitet.

Ein Land, um trotz allem zurückzukehren, auch wenn der Boden verpfändet ist wie die Hände, die ihn bestellen sollten, und wo die aufgegebenen Hütten nicht viel anders aussehen als die, welche neu errichtet werden.

So viele sind hier unterwegs auf den Trampelpfaden und den ausgetrockneten Bachbetten entlang, unter Palmenhainen und an Hecken von Eukalyptus und Agaven vorbei und auf den Allwetter-Straßen, wo am Rand nicht nur Kilometersteine, sondern auch Grabkreuze Distanzen markieren.

Warum nicht ein Fremder mehr.

Neben all denen, die auf der Suche nach Arbeit sind, auf der Suche nach einem Neuen Jerusalem, nach einer Wurzel oder nach irdenen Töpfen, in denen Münzen vergraben sind.

Auf dem Weg in den Club, in die Schule oder ins Bordell, zum Markt, zur Taufe oder zur Familienfehde.

Unterwegs mit Blechkanistern, Weidenkörben und Jutetaschen, mit Emballagesäcken, Macheten und Harken, mit dem Weihwasserkessel oder der Musterkollektion oder einfach mit dem günstigsten Werkzeug, den Händen und dem Rücken.

Zu Fuß oder an Krücken, aneinandergebunden oder für sich allein, mit einem Maultierkarren oder einem Ochsengespann, hoch zu Pferd oder im schnittigen Wagen.

Neben den Losverkäufern, Soldaten und Bänkelsängern, neben den Kindern, die ausgesetzt wurden, und den Halbwüchsigen, die von allein wegliefen, neben den Steuereintreibern und Betrunkenen, den Gesundbetern und Verwaltern, den Hühnern – und den Tagedieben, den Propheten und Leuteschindern, den Landvermessern und Propheten, neben all den Mondänen und Kurzwarenhändlern, neben ihnen und allen andern –

einer mehr, der unterwegs ist.

Ein Fremder, der aus Laune beschließt, nach Canindé zu fahren. Der an einem Sonntagmorgen einen Bus nimmt. Der staunt, wie die Vororte unter Wasser stehen. Der die Carnaúba-Haine bewundert und überrascht ist, wie schnell man ins Hügelland gelangt.

Ein Bus, der schon bei der Abfahrt überfüllt ist und in den immer noch mehr zusteigen. Auch eine Zigeunerin, die kein Fahrgeld bezahlen, aber dafür aus der Hand lesen will. Doch nicht nur der Hilfschauffeur versteckt seine Hände, und sie prügeln die Frau hinaus, die dem Bus nachruft: »Ihr werdet noch sehen.«

Ein Fremder, der sich in Canindé einmietet. Der vom Saal der Wunder enttäuscht ist. Der durchs nachmittägliche Städtchen bummelt. Der auf dem Platz vor der Basilika zuschaut, wie eine Familie sich fürs Gruppenbild um ein Sargkistchen formiert. Der dem Trauerzug folgt und der nun vor einem Kindergrab steht, das der älteste Bruder und der Vater schon beinahe aufgefüllt haben.

Als es dem Jungen auch beim zweiten Mal nicht gelang, den großen Erdklumpen zu zerschlagen, sah er auf. Der Vater war zurückgetreten. Er stützte sich auf den Spaten; die eine Hand hielt er auf dem Kopf, als wolle er den Hut nach hinten schieben.

Die Tante war mit dem größten Mädchen am Arm zu den Kindergräbern gegangen. Dort beugten sich beide nieder. Das Mädchen deutete hin und wieder auf eines der Holzkreuze, doch die Tante schüttelte jedesmal den Kopf, und die beiden fuhren fort zu suchen.

Der Fremde sah an einem Mast hoch und fragte sich, wozu man hier wohl elektrisches Licht brauche. Er verfolgte den Strang, der zur Grabkapelle führte; nun erst bemerkte er die Telefonleitungen, die sich über den Friedhof spannten.

Der Vater rückte den Hut zurecht, hieb mit dem Spaten auf den Klumpen und zerkleinerte ihn. Dann schob er zusammen mit dem Jungen die Brocken ins Grab, das schon bis zum Rand aufgefüllt war.

Die kleine Schwester, die einen Schritt nach vorn gemacht hatte, deutete auf einen Erdhaufen, der verdeckt hinterm Gebüsch lag; der Junge meinte, den habe er auch schon gesehen, der komme zum Schluß dran.

Wie der Vater sich umsah, blieben seine Augen auf dem Fremden ruhen. Seinem Blick folgte der Junge, auch das Mädchen drehte sich um und mit ihr der Bruder, welcher der Mutter am Arm hing. Doch wandten sie sich alle wie vereinbart gleich wieder ab.

Der Fremde wollte gehen. Er nickte, um sich zu verabschieden. Niemand beachtete ihn. Er trat etwas zurück; er fiel niemandem auf, auch als er an der Tante und dem ältesten Mädchen vorbeiging.

Wie der Fremde auf den asphaltierten Weg kam, sah er das kleinere Mädchen, das sich davongeschlichen hatte. Es saß auf einer Kette, welche ein Familiengrab absteckte. Es schaukelte und versuchte dabei die Füße vom Boden zu heben, ohne nach hinten zu kippen.

Der Fremde ging bis zum Portal, wo er sich in den Schatten stellte. Er überlegte, ob er warten sollte, um ein paar Worte zu wechseln. Das Mädchen ließ das Familiengrab und versetzte der Kette einen Schwung, bevor es sich dem nächsten Grabstein zuwandte und an ihm langsam einen bronzenen Löwenkopf abtastete.

Der Fremde mochte nicht den Weg hinuntergehen, den sie gekommen waren; er schlug die Richtung quer über den Hügel zur Hauptstraße ein; die beiden Fahrbahnen waren durch einen Streifen getrennt, auf dem in regelmäßigen Abständen Sockel mit Figurengruppen aufgebaut waren.

Beim ersten blieb er stehen: Christus vor seinen Richtern. Ein Passionsweg also: ein bummelig farbiger Christus aus Keramik wurde zu einem bummeligen Tod verurteilt.

Auf der gegenüberliegenden Seite ein Reiterstandbild. Der Held hielt seinen Säbel zur Attacke hoch; das Pferd war sprungbereit für die Schlacht, obwohl ihm an einem Vorderbein der Stein abgebröckelt war und statt der Fessel nur eine Eisenstange zu sehen war.

Der Fremde überlegte, ob er nach rechts halten sollte, aber dann wäre er zum Tierpark gekommen. Das war ihm ein zu weiter Umweg. Andererseits mochte er nicht über den freien Platz zurück. So ging er ein Stück weit eine mannshohe Mauer entlang; auf ihr klebte ein verwaschener Zirkusanschlag, oben waren zerbrochene Flaschen einzementiert und die Scherben funkelten.

Der Fremde sah zur Anhöhe hinauf. Der Wasserturm schien noch höher als vorher. Und die Kirche auf der Kuppe im Hintergrund war im Sonnenlicht ganz weiß. Ein Vogel schrie, der Fremde blickte in den Himmel, aber er sah nichts.

Da schreckte ihn ein Geräusch auf. Ein Junge fuhr auf seinem Rad knapp an ihm vorbei. Lachend sah der Junge auf das Hinterrad, dort hatte er am Fahrgestell einen Karton befestigt, der in die Speichen reichte und je nach Tempo langsamer oder rascher knatterte.

Um eine Ecke bog ein alter Mann, der ein Schwein an einem Bein angebunden hatte. Er führte es am Strick, aber das Tier zerrte woanders hin. Der Alte trat das Schwein in den Bauch, es quietschte und jaulte; je mehr er es trat, um so mehr verhaspelte sich das Tier im Strick, fiel hin und kroch strampelnd auf dem Boden.

Als der Fremde über eine Kreuzung ging, sah er, wie ein Mann die Läden vor seiner Bar abbaute. Der Fremde blieb stehen und warf einen Blick hinein: ein dunkler Raum, mit ein paar Brettern an der Wand für die Flaschen. Eine alte Frau in einem Schaukelstuhl beobachtete ihn lächelnd. Da ging er weiter.

Der Platz hinterm Markt war leer. Nur zwei Maulesel an einen Pflock gebunden, beide mit einem Traggestell auf dem Rücken, aber nichts drauf. Unbeweglich beide

Tiere; manchmal zuckten sie mit den Augen wegen der Fliegen und holten mechanisch mit dem Schwanz aus.

Am Markt bemerkte der Fremde einen Laden, über dessen Tür waagrecht das Rad von einem Ochsenkarren angebracht war: darauf ein Kuhhirt und ein Stier, man konnte dieses Rad in Bewegung setzen, so daß der Hirt dem Stier im Kreis nachlief, ohne ihn einzuholen.

Gleich daneben richtete eine Frau ihren Stand her. Sie breitete Amulette, Rosenkränze, Postkarten und Heiligenstatuen aus. Nippige Fernsehapparate, in denen der heilige Francisco erschien. Mit einer Stange beförderte sie Plastikpuppen unter das Zeltdach; die nackten Puppen baumelten an einer Schnur um den Hals.

Wie sich der Fremde umdrehte, bemerkte er Fatimas Vater beim Photographen. Er grüßte, die beiden nickten zurück; der Photograph hielt dem Fremden von weitem die Photos entgegen. So näherte sich dieser ihnen, betrachtete das Bild, fand es gut, und der Photograph empfahl sich, dabei zeigte er auf den zusammengerollten Hintergrund, der an der Mauer lehnte.

Der Vater fragte den Fremden, aus welcher Gegend er stamme. Der antwortete und fragte zurück, woran Fatima gestorben sei. Der Vater zuckte die Schultern. Da mischte sich der Photograph ein: »Es war ein Dürre-Kind.«

Der Vater wischte die Photos am Hemdsärmel ab und steckte sie in die Brusttasche seines Hemdes. Dann wandte er sich wieder dem Fremden zu: ob er den Sarg gesehen habe. Er habe ihn selber gemacht. Er mache alles selber. Er habe sieben Kinder, drei Buben und vier Mädchen. Eines sei ganz klein gestorben. Gleich nach der Geburt. Und jetzt Fatima.

Der Photograph faltete ein paar Cruzeiroscheine und

sagte ohne aufzublicken: »Problemlos sind die, welche gleich nach der Geburt sterben. Sie haben noch nicht viel abgekriegt von dieser Welt. Höchstens mit der Muttermilch. Aber auch die, welche sterben, bevor sie fünf Jahre alt sind, sind gerettet. Über so kleine Kinder darf man nicht weinen, wenn sie sterben. Sonst macht man ihnen die Flügel naß, und dann haben sie Mühe davonzufliegen.«

Du seist auf die bessere Seite gegangen, sagte der Vater von dir, Fatima. Man benutzt auch in deinem Nordosten nicht immer das gleiche Wort fürs Sterben, wie sollte man auch, wenn man ein Wort soviel benutzen muß.

Von dir haben sie nicht gesagt, du habest den Holzexpreß genommen. Als ob die Erwachsenen, die sterben, es jeweils so eilig hätten, und dann haben die meisten zeit ihres Lebens sich nie den Expreß geleistet, sondern stets den billigen Bus genommen, der überall anhält, wo einer am Straßenrand winkt.

Aber sie erweisen sich großzügig mit denen, die sterben. Sie sagen von einem, den sie ein Leben lang nur in Hemd und Hosen sahen, er habe den Frack zugeknöpft; sie tun, als hätten sie gesammelt und ihm hinterher jenen Kittel gespendet, den er sich so oft gewünscht hatte.

Sie behaupten auch, da habe einer die Koffer gepackt, obwohl nur wenige einen Koffer besitzen und noch weniger je einen solchen benötigen. Wenn schon, dann hätte einer sein Bündel gemacht oder noch genauer, er hätte seine Kartonschachtel vollgestopft.

Aber sie sagen von einem andern auch, er habe seine Rechnungen beglichen. Dabei wissen sie genau, wieviel im Laden noch ansteht, und daß er schon längst keinen Kredit mehr hatte; und sie warten nur, bis seine Frau erfährt, was auch in der Kneipe noch alles offen ist.

Von dir, Fatima, hätten sie noch eher sagen können: da

ißt ein Kind keine Bohnen mehr, und da hat eines Abschied genommen vom Kürbis. Nicht nur von ihm hast du Abschied genommen, auch vom Zuckerrohr und von den Bananen und von jenem Kaugummi, den dir einst ein »americano« schenkte, als er aus dem Bus stieg, und den du aufbewahrt hast.

Ja, du hast ausgegessen, das stimmt. Wie solltest du auch nicht. So viel lag nicht drauf. Aber wenn sie sagen, du habest den Löffel weggelegt, dann ist das nicht ganz richtig. Üblicherweise hast du mit der Hand geschaufelt, was auf dem Teller lag, sofern sie dir nicht einfach etwas in die Hand drückten.

Und sie haben von dir auch nicht gesagt: da haben sie wieder einem den Mund gestopft. Dabei haben sie ihm nur das Kinn hochgebunden. Und es trat keiner vor dich hin und schrie: »Nichtsnutz, mach den Mund zu!«, um sich zu vergewissern, ob du auch wirklich tot seist. Es gibt schon genug offne Mäuler, da sollen die Toten den ihren nicht auch noch aufmachen.

Wenn die Toten Hunger haben, haben die Lehm zum Fressen, und von dem soviel, wie sie wollen. Und all das Gras von den Wurzeln an aufwärts. Aber die meisten nehmen ihren Hunger gar nicht mit, sondern vererben ihn den andern, und die streiten noch um die Hinterlassenschaft.

Nein, sie haben von dir auch nicht gesagt, du seist nach Acre gegangen. Denn dorthin im Amazonasurwald sind einige zur Zeit der Dürre hinaufgezogen, und keiner kehrte mehr zurück, und das nicht, weil es ihnen dort gefallen hätte.

Du brauchtest nicht so weit fortzugehen, um nicht mehr zurückzukehren. Du hast den Weg zum Friedhof gut gekannt, er lag ja nicht weit von der Zapfstelle. Du hast oft mit andern Kindern am Eisengitter gerüttelt und bist an ihm hochgeklettert.

Es heißt denn auch nicht so umständlich, du seist umgezogen, als ob einer jeweils den Hausrat mitnähme. Sie meinen nur, da kampiert ab jetzt einer auf dem Gottesacker, obwohl er sich dort für immer einrichtet, mit Namen und Jahreszahl auf dem Stein oder dem Kreuz, aber ohne Adresse, obwohl an einer richtigen Straße oder an einem Weg; aber da kriegt einer keine Post mehr, auch nicht, wenn er zu jenen gehörte, die früher Briefe und Pakete erhielten, und die Briefe lesen konnte. Sie sind eben gestorben wie du – wurden steif und haben beim Erwachen nur noch die große Zehe betrachtet.

Und doch sterben sie anders als früher, nehmen nicht nur einfach für immer Abschied oder schließen die Augen ein für allemal, schlummern hinüber, segnen das Zeitliche und werden abberufen, weil ihr letztes Stündlein gekommen ist.

Nein, sie gehen mit der Zeit:

Nachdem der Fluß São Francisco gestaut worden war, und seitdem sich über die Hügel Masten ziehen und auf dem Hauptplatz von Canindé Laternen stehen und an der Kathedrale farbige Girlandenkugeln hängen und das ewige Licht elektrisch angeschlossen ist – seitdem ziehen einige Männer beim Tod den Stecker heraus und es brennt ihnen die Sicherung durch.

Nachdem der Oberst zum ersten Mal in einem Auto vorgefahren war, und seitdem auf dem »Platz der Einheit« Omnibusse halten und in Canindé ein Fahrplan ausgehängt wurde, seitdem die Pilger in Autobussen ankommen und die Gefangenen in schwarzen Kastenwagen weggeführt werden und die Soldaten auf Camions und Jeeps eintreffen und auf den Feldern Traktoren arbeiten – da hat ein Mann nicht mehr bloß das Rückgrat gebrochen, sondern die Achsen, und der, welchem die Lunge Auswurf um Auswurf aushustete, dem stand der Motor still.

Ja, sofern sie nicht auf dem Feld oder unterwegs starben, haben sie sich alle zur Wand gedreht, als ob sie die zum ersten Mal sähen, und sie entdeckten dort Dinge, die sie vorher nie bemerkt hatten:

Der Kuhhirt, der so manchen Ochsen tötete, wenn auch nicht für sich, dem wird nun selber das Fell gespannt.

Der Pächter, der für seinen Patron soviel Zäune setzte, von dem heißt es plötzlich, er bleibe für immer im Gehege.

Und der Taglöhner, den sie von seinem Acker jagten, der hat auf dem Gottesacker zum ersten Mal Land vermessen, sieben Handspannen Boden für sich allein.

Du brauchtest nicht soviel Platz. In der Ecke, wo sie dich vergruben, unter der großen Mangabeira, kostet der Boden nichts.

Aber was sie sonst nicht alles machen, wenn sie sterben: sie ziehen die Fahnen ein, sie klopfen ihre Pfeife aus, treten vom Fenster weg oder sitzen dem Tod hinten auf.

Du bist auch nicht der schwarzen Dame mit der Sichel begegnet. Die Frauen, die du trafst und die Sicheln trugen, waren keine Damen, sondern Frauen wie deine Mutter, deine Tante oder deine größere Schwester. Die gingen manchmal zur Erntezeit helfen und kamen am Abend mit einigen Maiskolben zurück. Aber es gibt Männer, die begegnen der schwarzen Dame, welche eine Sichel trägt. Und sie verlassen wegen ihr Frauen und Kinder und liegen für immer bei ihr, die ihnen die Treue mit lauter Würmern belohnt.

Aber auch wenn sie alle am Ende einfach nur verstummen, die einen schleichen ab und gondeln weg, und die andern machen das Licht aus oder halten die Uhr an.

Als der Padre starb, hieß es, er gehe den Höllenhund reizen.

Als der Notar starb, sagten die Leute, er wird nie mehr aufs Scheißhäuschen gehen.

Als man den Polizeioffizier erschossen fand, hatte der den Schirm zugemacht, obgleich er in der Hand eine Pistole hielt.

Und als der Abgeordnete starb, stießen sich die Männer an: dem ist die Munition ausgegangen, und sie zeigten auf den Hosenladen. Der hatte sich zwar auf dem Sterbebett noch den Bart abrasieren lassen, damit ihn der Tod nicht erkennt, und dann ließ er sich in ein anderes Zimmer umbetten, damit ihn der Tod nicht im eigenen Schlafzimmer antreffe. Aber er hat ihn gefunden. Doch die Frau des Abgeordneten hatte Zeit, ihrem Mann ein paar Aufträge mitzugeben: er könne ihrem Bruder mitteilen, sie hätten jetzt das Stück Land an der Überlandstraße, und Tante Maria soll einmal im Traum vorbeikommen und sagen, wo sie das Silber versteckt habe.

Du aber, Fatima, bist auf die bessere Seite gegangen, und dafür haben sie dich auf den Friedhof gebracht. Als du begraben warst, sagte dein älterer Bruder, er wolle noch bei einem Freund vorbeischauen. Deine Mutter ging mit der Tante und deinen Schwestern nach Hause. Dein Vater mußte zum Photographen zurück. Und der Fremde überlegte, wo er hingehen sollte, da du doch auf der bessern Seite lagst.

Der Fremde begab sich ins Hotel. Er ließ sich in der Café-Bar an einem der vorderen Tische nieder. Die Rolläden waren hochgezogen, so daß er direkt am Platz saß. Doch er stand gleich wieder auf, ging nach hinten bis zum Schlüsselbrett und kehrte an seinen Tisch zurück.

Kaum hatte er Platz genommen, schlurfte von außen ein Alter auf ihn zu. Der streckte eine Hand vor sich hin, mit der andern umklammerte er einen Sack, der ihm über die Schulter hing. Er zitterte mehr mit den Lippen, als daß er flüsterte.

Die Besitzerin packte den Mann; der Alte ließ sich beiseite und auf die Straße schieben, ohne daß er aufhörte zu flüstern und ohne noch einmal zurückzuschauen.

Die Frau legte dem Fremden den Anmeldeschein hin. Er füllte das Formular aus, trug bei der Paßangabe irgendeine Nummer ein und stockte bei der vorgedruckten Frage, welche Hautfarbe er habe und ob er lesen und schreiben könne.

Da hielt vor dem Hotel ein Auto mit einem schneidigen Stop. Ein junger Mann kletterte aus dem Wagen. Die Krawatte hing ihm lässig vom aufgeknöpften Kragen. Er schob die Sonnenbrille über die Stirn ins Haar. Dann holte er einen Managerkoffer aus dem Wagen und langte vom Hintersitz Papiere hervor, zwischen die er ein paar Schallplattenhüllen klemmte.

»Der Ingenieur«, flüsterte die Besitzerin dem Fremden zu. Sie las im Anmeldeformular und stellte fest: die Berufsangabe fehle, ob er Advokat sei? Der Fremde schüttelte den Kopf, doch die Frau ließ sich nicht beirren und lächelte wohl-informiert.

Der Fremde bestellte einen zweiten Drink. Der Bursche wollte wissen, ob er für die Cooperativa arbeite. Doch der Fremde sagte nur »nein«. Er zeichnete mit den Wasserringen auf der Tischplatte ein paar Figuren. Dann verlangte er einen Kaffee. Nachdem er ihn getrunken hatte, rührte er mit dem Löffel im dicken Zuckersatz und sah, wie sich draußen Frauen im Gehen Kopftücher umbanden.

Auf dem Weg ins Zimmer traf er den Ingenieur; er hatte sich einen Bademantel übergeworfen und grüßte mit »good evening«.

Im Zimmer schob der Fremde die noch gebündelten Leintücher auf die Seite und streckte sich auf der nackten Matratze aus. Er zündete sich eine Zigarette an und sah in die offene Decke. Als Asche auf die Brust herunterfiel, wollte er sie wegwischen, aber er schmierte sie ins verschwitzte Hemd. Er angelte aus dem Eisenständer den Nachttopf und stellt ihn neben die Matratze auf den Boden als Aschenbecher.

Er langte in die Brusttasche und vergewisserte sich, daß der Fahrschein für morgen noch da war. Dann döste er und schlief ein. Als er erwachte, drang ein Lichtschimmer über die Trennwand. Er erhob sich, ging auf die Balustrade hinaus, lehnte sich ans Geländer, zündete eine Zigarette an und nahm lange tiefe Züge. Er sah über die Dächer. Aus dem Lautsprecher vor der Basilika schepperte eine Litanei.

Er holte aus der Reisetasche den Toilettensack und das zweite Hemd. Im Innenhof wusch ein Mädchen Geschirr ab; eine alte Frau hackte Hühnerfleisch und summte im

Rhythmus des Hackmessers. Den ersten Duschraum ließ der Fremde; er schaute nach, ob im zweiten auch die Klosettschüssel verstopft war und aller Dreck obenauf schwamm. Der Boden war schmierig-feucht mit Seifenrändern. Als er unter der Dusche stand, fiel ihm ein, daß er kein Handtuch hatte; er rieb sich mit dem schmutzigen Hemd trocken.

Nachdem er sein Zeug ins Zimmer zurückgebracht hatte und in den Eßraum kam, deutete die Wirtin auf die Waschanlage hinterm Vorhang; dort sei auch ein Spiegel. Dann redete sie auf einen Mann ein; er mußte ihr Ehemann sein. Der aß ruhig weiter und nickte auch, wenn sie nichts sagte; nur wenn ihre Stimme schrill wurde, hob er den Kopf leicht drohend.

Am mittleren Tisch saß der Ingenieur. Er lud den Fremden ein, Platz zu nehmen, und der akzeptierte. Der Ingenieur wollte wissen, was denn ein Fremder an solch einem beschissenen Sonntag in Canindé mache. Als er hörte, daß der andere am andern Morgen nach Fortaleza zurückkehren würde, klopfte er neidisch mit dem Messergriff auf den Tisch.

Nun war es am Fremden zu fragen. Der Ingenieur berichtete, er arbeite am Arsch der Welt. Da sei ein Damm gerissen. Aber die hätten noch Glück gehabt. Es hätte mehr Tote geben können. Und Wasser sei auch nur soviel gekommen, wie das Flußbett aufnehmen könne. Zudem – herumwaten hätten sie hier gelernt.

Als die Wirtin den Fremden fragte, ob er noch Eier wolle, sah der auf den gedeckten Tisch mit seinen Schüsseln und Schüsselchen, den Reis, die kalten gelben Spaghetti, das Kürbisgemüse und die schwarzen Bohnen, das Hühnerragout und das Gebratene. »Mindestens zwei«, antwortete an seiner Stelle der Ingenieur und zwinkerte ihm zu.

Für ein paar Monate wohl sei er da hinten verlocht, fuhr der Ingenieur weiter; er zeigte mit dem Messer am irdenen Wassertank vorbei, fuhr einen Hügel nach dem andern ab, machte ein paar Kurven und stieß in die abgelegenste Luft hinein.

Was wolle man schon verlangen; die hätten nie arbeiten gelernt. Aber Ansprüche würden sie stellen. Man komme kaum voran. Aber immerhin. Und dann fragte der Ingenieur den Fremden unvermittelt, ob er nachher mitkomme. Der schüttelte den Kopf, ohne zu fragen wohin.

Nach dem Essen bedankte sich der Fremde fürs Bier. Er ging vors Hotel und verweilte einen Augenblick. Der Gottesdienst war aus. Die Letzten kamen die Freitreppe herunter, die Bogenlampen warfen milde Kreise. Über den Platz schlurfte der Alte von vorher, seinen Sack auf dem Rücken, und flüsterte. An einem Baum schnüffelte ein Hund.

Der Fremde schlenderte die Hausfront entlang. Bis zur nächsten Ecke. Dann bog er ab. Kein Mensch und nur in einem einzigen Fenster Licht. So bog er an der nächsten Ecke gleich wieder ab. Da war jedenfalls etwas zu hören. Er blieb vor einem Lokal stehen. Drinnen hämmerte einer mit der Faust an die Wand, und ein paar Männer hetzten ihn, kräftiger zuzuschlagen.

Als der Fremde auf den kleinen Platz vor dem »Posto« kam, setzte er sich auf eine Bank. Im Schein der Straßenlaterne entzifferte er die Namen von Firmen, welche die Bänke gestiftet hatten. Auf einer Nachbarbank blödelten ein paar junge Leute. Zwei Mädchen promenierten vorbei, einer der Jungen rief ihnen was nach, eines der Mädchen gab zurück, so daß alle lachten. Dann stand der Fremde auf und bummelte zu einem geschlossenen Kiosk, auf den Bretterläden verschiedene Aushänge von Illustrierten, darunter die »Vereinten Herzen«. Als er zum Hotel zurückkam, machte sich der Ingenieur gerade am Wagen zu schaffen. Er fragte den Fremden nochmals, ob er mitkomme, und der willigte ein. Als sie losfuhren, wollte der Fremde wissen, wohin es gehe. Der Ingenieur schlug mit der flachen Hand aufs Lenkrad und hupte: »Frauen, Frauen.«

Als sie in eine Querstraße einbogen, deutete der Ingenieur mit dem Kopf nach draußen. »All die Pilgerpuffs. Sie sollten einmal hier sein, wenn die Wallfahrt haben. Was da an Krüppeln zusammen kommt. Es gibt Bettler, die reisen von Ort zu Ort. Immer dorthin, wo was los ist. Es sind immer die gleichen.«

Sie fuhren auf die Brücke los: »Da haben Sie es. Sonst führt der Fluß kein Wasser.« Der Ingenieur duckte sich und warf einen kurzen Blick durch die Vorderscheiben in den Himmel: »Dieser Mond – da tut sich was mit den Wolken, es wird wohl nicht gleich losgehen.« Er drosselte wegen der Steilstraße die Geschwindigkeit, und indem er schaltete: »Schauen Sie da vorn, den Neubau. Ein Schulhaus. Schon wieder eines.«

Und während sie aus dem Ort herausfuhren: Man könne nicht alles auf einmal lösen. Aber es werde schon besser werden. Wer hätte geahnt, daß es zu diesem Wunder kam. Diese Wachstumsrate. Er hätte in São Paulo arbeiten können; aber vorläufig bleibe er in Fortaleza. Wegen seiner Mutter. Er empfahl dem Fremden die »Beiden Brüder« in Fortaleza, da esse man die besten Langusten; Fortaleza sei nicht umsonst berühmt dafür. Er soll dafür sorgen, daß er in den »Libanesen Club« komme. Als Fremden würden sie ihn schon reinlassen. Er brauche nur den Paß vorzuweisen. Das sei ein formidabler Club. Von diskreter Eleganz. Das sei selten in diesem Land, wo der Luxus immer so aufdringlich sei. Es wäre vieles anders, wenn der Luxus diskreter wäre.

Der Ingenieur widmete sich dem Steuer, wich Schlaglöchern aus und dämpfte die Geschwindigkeit. Im Scheinwerferlicht tauchten Kandelaberkakteen auf; die Stacheln reflektierten das Licht wie Leuchter, die Kerzen trugen, und die Hütte, um die sie standen, zeichnete sich als dunkler Sarkophag ab.

Dann wiederum nur die Erdstraße. Auf der einen Seite ein Hag aus geflochtenen Ästen. Plötzlich ein Steinhaufen mitten auf der Straße. Ein Schwenker und wieder das vorherige Tempo. Etwas huschte über die Straße, das Auto schlenkerte, dem Fremden war, als habe etwas aufgeschrien, aber sie waren schon weiter.

Dann endlich eine Girlande von nackten farbigen Birnen. Der Wagen bremste in eine Schleife. Der Ingenieur parkierte neben einem Lastwagen. Dahinter noch ein paar Autos. Leere Benzinfässer, aufeinander gestapelt, dazwischen eine Gestalt, die Hörner zu haben schien, aber der Mann hielt nur eine Gabel aufrecht in der Hand.

Im Dunkeln konnte der Fremde soviel wie ein längliches Gebäude erkennen. Weiter zurück mußten ein paar Lehmhäuser mit Strohdächern liegen. Die Vorderfront des Schuppens war ein Stück weit weißgetüncht: Darauf ein Kuhhirt gemalt, der mit einem Stier tanzte, dem wehte vom Glied ein Wimpel; im Hintergrund eine Frau in orientalischen Schleier gehüllt, und über dem Ganzen in Schablonenschrift: »Die Königin des Nordostens«.

Er solle warten, rief der Ingenieur dem Fremden zu, er müsse noch was im Wagen holen. Neben dem Eingang eine Agave, hochgeschossen der Stengel, prachtvoll die Blüte oben im Lichtschimmer und unten in den Blättern die ersten Anzeichen für das Absterben.

Da kam der Ingenieur mit einer Schallplatte in der Hand; er faßte den Fremden unter und flüsterte ihm eine Zahl ins Ohr: »Das ist der Preis. Auf keinen Fall mehr« – er brauche keine Bedenken zu haben, hier verkehre auch ein Doktor vom Sant' Anna-Spital.

Als die beiden eintraten, stolperte ein kleines Kind durchs Lokal; eben fing es eine Frau ein. Wie sie den Ingenieur erblickte, kam sie lachend auf ihn zu, das Kind im Arm. »Wer wird denn gleich weinen«, sagte der Ingenieur und kraulte das Mädchen unter dem Kinn. Das Kind trug ein Kettchen, an dem ein Medaillon des Paterchens hing. »Das nächste Mal bringe ich ein Bonbon mit. Diesmal habe ich nur was für die Mutter.« Das Kind versteckte sein Gesicht. »Zeig doch, wie groß du schon bist mit deinen zwei Jahren«, redete die Mutter auf das Kind ein, das am Leukoplast an seinem Ellbogen zupfte. Der Ingenieur streichelte das Mädchen zwischen den Beinen, so daß die Mutter mit belustigter Empörung ihm auf die Hand klopfte. Dann packte sie das Kind und verschwand hinter einem Vorhang. Für einen Moment tat sich ein finsterer Flur auf.

Die beiden begaben sich zur Holztheke, lehnten mit dem Rücken daran und sahen ins Lokal. Auf dem gestampften Boden war eine Fläche abgesteckt, wohl fürs Tanzen. Vier Blechkanister mit Topfpflanzen, in dem einen Farnkraut, auf einem andern setzte ein Panther zu einem Sprung an. An der einen Wand eine Luftaufnahme von Wolkenkratzern, das Plakat einer Fluggesellschaft.

Am hintersten Tisch fummelte ein Mann einem Mädchen an der Bluse. Jedesmal wenn er einen Knopf offen hatte, schloß das Mädchen die Bluse wieder. »Die scheinen mit dem Preis nicht einig zu sein«, meinte der Fremde. Doch der Ingenieur winkte ab: »Den kenn ich. Das ist der Notar. Der steht auf Frauen, die Widerstand leisten.«

Da kam die Frau ohne Kind zurück. Der Ingenieur stellte vor: »Die Königin des Nordostens« und zeigte auf den Fremden: »Ein Advokat, Schweizer«, und fragte gleichzeitig, wie er denn eigentlich heiße. Er hatte die Schallplatte auf die Theke gelegt: »Für dich.« Die Königin räkelte sich in ihrem Kleid mit Tigermuster: »Immer das Neueste.« Sie streckte ihre Zunge durch die verschmierten Lippen und leckte sich: »Zum Dank darfst du mich zu einem Drink einladen.« »Bestimmt«, lachte der Ingenieur und bestellte Whisky. »Aber nicht den nationalen Schund.«

Die Königin stellte ein Fläschchen mit Nagellack beiseite, bevor sie von der Rückwand eine Flasche herunterholte; sie hielt dem Ingenieur das Etikett vor die Nase. Auf dem Flaschengestell eine rot beleuchtete runde Vase, mit Sand gefüllt, auf deren Rand in unermüdlichem Hin und Her zwei hölzerne Papageien wippten und einander zunickten. Nachdem die Königin kurz drei Gläser im Plastikzuber geschwenkt hatte, schüttelte sie die Tropfen ab und stellte die Gläser auf die Theke. Gleich darauf langte sie nach einem Lappen und rieb an einem bräunlich-roten Fleck im Holz: »Mich wundert, was der im Blut gehabt hat. Das geht überhaupt nie mehr weg.«

Da hatte sich aus dem schummrigen Dunkel eine Frau

genähert, eine Mulattin, im Haar eine Spange mit Blumen, aus hellem Horn geschnitzt. »Später«, rief der Ingenieur und sagte frotzelnd leise: »Vielleicht.« Aber er lud sie ein, was zu trinken. »Die war schon überall«, der Ingenieur legte einen Arm über ihre Schulter. »Oben am Amazonas und unten am Amazonas. Aber am Ende kommen sie alle zurück. Die meisten jedenfalls.« Er entließ sie mit einem Klaps.

Die Mulattin deutete auf ihre Lippen und machte ein paar leere Züge. Der Fremde hielt ihr die Schachtel hin, sie klaubte sich eine Zigarette heraus und besah sich die Marke. Er reichte ihr Feuer. Die Königin gab ihr ein Glas und wies sie unwirsch zur Seite. Im Vorübergehen drückte sich die Mulattin an den Fremden, der unter der dünnen Baumwolle ihre kleinen Brüste spürte.

Die Königin versuchte, das Feuerzeug in Gang zu setzen. Der Fremde erklärte den Mechanismus, und es gelang ihr ein paar Mal, die Flamme anspringen zu lassen. Sie fuhr durchs aufgeblondete Haar, an der Kopfhaut kam der schwarze Ansatz zum Vorschein.

Da das Feuerzeug auf den Boden gefallen war, bückte sich der Fremde, beim Auflesen blieben ihm hornige Plättchen an den Fingern kleben. »Ach, die Baraten«, die Königin beugte sich nach vorn und wischte ihm die Hand sauber. »Ich weiß wirklich nicht, wie die Fledermäuse reinkommen. Man kann absperren wie man will. Aber nachts fressen sie diese Viecher. Nur die Flügel, die lassen sie, die scheinen nicht gut zu sein. Die liegen dann am andern Morgen über den ganzen Boden verstreut herum.«

Wo sein Freund Pedro sei, wollte die Königin unvermittelt wissen, die sich nun am Grammophon zu schaffen machte. Der sei übers Wochenende zu seiner Verlobten gefahren, das müsse auch mal sein. Das nächste Mal komme er wieder mit. Aber viel los sei hier ja auch nicht.

Die Königin nahm vom Grammophon eine Platte und legte sie auf die Dose mit dem Pulverkaffee: »Kunststück, an einem Sonntag. Gestern hättet ihr hier sein müssen. Da hatte sogar Rosa Erfolg. Und die kommt sonst doch nur bei den großen Wallfahrten ins Geschäft. Aber das halbe Bataillon vom Straßenbau war da. Mit dem Lastwagen. Am Ende kam auch noch die Polizeipatrouille, gottlob – obwohl, wenn der Wachtmeister besoffen ist, knallt der in alle Richtungen. Und los wird man ihn auch nicht mehr. Wenigstens begann die Schlägerei erst draußen beim Verladen.«

Kaum hatte sie die Nadel aufgesetzt und ertönten die ersten Klänge, strich sich die Königin von der Brust an abwärts übers hautnahe Kleid: »Weißt du noch ola, ola.« Der Ingenieur klatschte im Takt, und die Mulattin grinste. Die Königin streckte die Arme zur Seite und spreizte die Finger, sie drehte sich langsam, schaukelnd und wippend, plötzlich hielt sie inne, ordnete das Sträußchen vor dem Bild der Heiligen Jungfrau an der Wand, drehte sich wieder um und fragte den Fremden: »Haben Sie Musik gern? Gefällt es Ihnen bei uns im Nordosten?«

Da wurde hinterm Vorhang auf dem Flur etwas gerufen. Die Königin sah sich um. In dem Moment kam durch die Tür von draußen ein alter Mann; er trug zwei Blechkanister, er schüttete aus dem Plastikbecken das Abwaschwasser in einen Kanister und füllte frisches Wasser nach. Als er weggehen wollte, drückte ihm die Königin ein paar Papierservietten in die Hand und deutete nach hinten. Doch sie nahm ihm die Servietten gleich wieder ab, zählte nach und behielt eine zurück.

»Prost«, rief der Ingenieur. Er feixte hinter dem Alten her, der sein rechtes Bein nachzog. »Ein ganz Genialer. Kann weder lesen noch schreiben. Aber für jeden Cruzeiro kauft er einen Kugelschreiber und steckt sie alle vorn ins Hemd.«

»Ein Erfinder«, lachte die Königin. »Er hat das Wasser in Pulverform erfunden, man muß nur etwas Wasser beifügen und schon hat man wieder Wasser.«

Da wurde der Vorhang beiseite gerissen. Ein Mann torkelte hervor. »Der vom Camion«, stellte die Königin fest, eine gespannte Erwartung in der Stimme. Der Mann schwankte, sah auf seine bekleckerten Hosen und wollte den Reißverschluß hochziehen. Dabei verlor er fast das Gleichgewicht. Dann streckte er seinen Zeigefinger nach vorn und stach damit ins Leere: »Hatten wir jetzt etwas zusammen oder nicht.« Die Frau, die ihn von hinten stützte, schrie verzweifelt und aufgebracht: »Aber ja, aber ja.« Sie wischte sich mit den Papierservietten zwischen den Beinen; mit der einen Hand umklammerte sie einen Büstenhalter. Die Mulattin langte nach dem Büstenhalter: »Von wem hast du denn das?« Die andere schrie: »Laß ihn. Er gehört mir. Nicht kaputtmachen.«

Der Notar erhob sich mit seinem Mädchen. Da schickte die Königin die Mulattin, sie solle die Flit-Spritze dem Alten nach hinten bringen, dann lächelte sie dem Notar zu: »Es ist gleich alles bereit.« Der verbeugte sich kurz gegen den Ingenieur und den Fremden: »Senhores.« Die Königin begab sich an die Theke und griff nach der Zigarette, die auf einem Teller weitergebrannt hatte.

Der Fremde hielt sein Glas hin, und die Königin füllte es zwinkernd. Der Fremde sah zum Fliegentöter hinauf. Ein Apparat, der an der Decke summte. Ein bläuliches

Licht zog die Moskitos an. Knisternd verbrannten sie; die Insekten mit den dicken Panzern plumpsten dumpfer auf das Blech, das darunter als Kadaversammler bereit stand.

Da ging das Licht aus. Ein Kreischen und Fluchen. Jemand stieß an ein Glas. Eine Frauenstimme kicherte. Aber der Ingenieur beruhigte: »Die übliche Panne. Bitte sehr.«

Schon ging das Licht wieder an. Die beiden nackten Neonröhren über der Theke flackerten. Da sah sich der Fremde genauer um. An der Rückwand zogen sich Streifen von Kreppapier entlang, einer unter dem andern. In der Ecke waren einige Streifen zapfenlockig gedreht und hingen wie Girlanden herunter. Auch die Thekenwand war überdeckt mit Kreppapier, Fransen über Fransen, an einzelnen Stellen eingerissen, da waren die Reißnägel zu sehen.

Wieder ging das Licht aus. Es polterte gegen das Dach. Es hörte sich an, als würden Erdbrocken dagegen geworfen, eine Scheibe schepperte.

»Also doch ein Sturm«, gab der Ingenieur zu bedenken, »wenn das nur nicht anhält. Sonst kommen wir nicht mehr durch. Aber wenn es hier etwas hat, dann bestimmt Betten.«

»Die Kessel«, rief die Königin. »Die Kessel unterstellen. Auch hinten im Flur.« Vom Vorhang her schlurfte der Alte, er hielt eine Flasche in der Hand, in der eine Kerze steckte, mit dem Fuß, den er nachzog, schob er einen Lappen über den Boden. Hinter ihm erschien der Notar, die Krawatte in der Hand knäuelnd, und an ihn gelehnt sein Mädchen.

Der Fremde zündete sein Feuerzeug an. Die Königin und der Ingenieur lagen sich über die Theke hinweg in den Armen. Als sie sich lösten, sahen sie beide zu ihm. Unter ihrer Stirn zwei dunkle Gruben; sie lächelten stumm. Das Feuerzeug ging aus. Der Alte zwängte sich hinter der Königin durch. Dabei stieß er an die Vase mit den beiden Papageien, sie fiel um und zersprang, dünn rieselte der Sand vom Regal. Ein Luftzug löschte die Kerze.

Es war totenstill und dunkel wie in einem Sarg. Da spürte der Fremde an den Beinen tapsige Händchen. Jemand hielt sich an den Hosen und ließ sie gleich wieder los. Er langte nach unten. Das Kind klammerte sich an die Thekenwand und wollte nicht loslassen. Da packte der Fremde das Kind, zog es hoch, und ich, der Fremde, hielt ein kleines Mädchen im Arm; von seinen Händchen hingen lange abgerissene Streifen von Kreppapier.

Bitte beachten Sie auch
die folgenden Seiten

Hugo Loetscher im Diogenes Verlag

Abwässer

Ein Gutachten

»Nach einem politischen Umsturz ist der Inspektor der Abwässer aufgefordert worden, einen Bericht über den Zustand der Kanalisation zu verfassen. Denn die Leute, die immer ›so gewaschen tun‹, müßten einmal da hinabschauen können, was alles unter ihren Füßen dahinfließt, das Verborgene und Chaotische unter ihrer sauberen Stadt... Der Inspektor in *Abwässer* hat den ›Abwasserblick‹, der die oberflächlichen Dinge durchschaut. Ein außerordentliches Prosawerk, das ein schwieriges Thema in einer gewagten Metapher meistert –; nicht die Welt als Kloake, aber die Kloake als eine Konstante der Welt.«
Anton Krättli / Kritisches Lexikon zur deutschsprachigen Gegenwartsliteratur

»Dieses Buch ist ein explosives, destruktives und großartiges literarisches Dokument. Es ist ein totales Märchen aus der Wirklichkeit, das wenig ausläßt: weder die Liebe noch die Technik, weder die Psychologie noch die Dummheit, weder die Einsamkeit noch die Gemeinheit.« *Die Welt, Hamburg*

Die Kranzflechterin

Roman

»Jeder soll zu seinem Kranze kommen«, pflegte Anna zu sagen; sie flocht Totenkränze.

»Auch hier führt die Wahl des ungewöhnlichen Blickpunktes zu ungewöhnlichen Ansichten aus der Menschenwelt und Farbenspielen des Lebens, die um so mehr faszinieren, als vom Tode her ein leichter Schatten auf sie fällt.« *Nürnberger Zeitung*

Noah

Roman einer Konjunktur

Loetscher erzählt die Geschichte eines Mannes, der die Konjunktur anheizt mit seinem Plan, die Arche zu bauen. Niemand glaubt im Ernst an die kommende Flut, aber alle machen mit ihr Geschäfte. Aber nicht nur im Geschäftsleben, auch im Kulturbetrieb zeitigt die Konjunktur ihre unerfreulichen Begleiterscheinungen. Noahs Lage verschlimmert sich aus vielen Gründen, so daß einer zuletzt sagen kann: »Jetzt kann ihn nur noch die Sintflut retten.«

Wunderwelt

Eine brasilianische Begegnung

Die Begegnung eines Europäers mit den Mythen von Leben und Tod einer fremden Kultur: eine Hymne, aber noch mehr eine Elegie, geschrieben für ein kleines Mädchen.

»Ich würde *Wunderwelt* gerade auch besonders viele junge Leser wünschen. Nicht nur weil Loetscher die Sprache fand, um die Wirklichkeit bis in Nuancen genau so darzustellen, daß man ganz in sie hineingenommen wird. Sondern auch wegen einer Geisteshaltung, ohne die dieses Buch nicht hätte geschrieben werden können... Statt ›Wunderwelt‹ könnte dieses Buch auch ›Die Fähigkeit zu trauern‹ überschrieben sein.«
Deutsches Allgemeines Sonntagsblatt, Hamburg

Herbst in der Großen Orange

»Hugo Loetscher ist mit *Herbst in der Großen Orange* ein großer Wurf gelungen. Der dritte Satz schon ist der erste hintergründige, denn das ›Grün‹ ist künstlich, wie fast alles in dieser Stadt. Auf 165 Seiten enttarnt Loetscher eine Scheinwelt, reiht ein sprachliches Kabinettstückchen ans andere, ist mal lyrisch, mal satirisch. Immer aber schwingt eine hei-

tere Melancholie mit, angesichts einer Menschheit, die nicht mehr so recht weiß, wo's langgeht.«
Stern, Hamburg

Der Waschküchenschlüssel

oder Was – wenn Gott Schweizer wäre

»Loetscher ist ein bedeutsamer Schweizer Erzähler und Romancier, der auch als Journalist arbeitet und zudem die Welt kennt. Er hat einen famosen Sinn fürs Anekdotische und Skurrile, einen scharfen Blick, gepaart mit einem gänzlich unhysterischen, natürlichen Ton. Zum Schluß der Lektüre meint man, den Abend mit einem Freund verbracht zu haben, dem man gern länger zugehört hätte. Wer schreibt uns so trefflich, so distanziert und aus liebevoller Nähe über die Italiener? Die Franzosen? Uns in der Bundesrepublik?«
Titel, München

Der Immune

Roman

»Noch bevor manche jüngeren Autoren und Autorinnen Literatur als Mittel zur Erforschung und Bewältigung des eigenen Lebens entdeckten, setzte Hugo Loetschers *Der Immune* einen Maßstab, vor dem nicht viele bestehen. Ein Muster und deshalb auch heute noch aktuell, weil es hier einer verstand, in der selbstkritischen Beschäftigung mit dem Ich auf geistreiche, witzige, eloquente Art den Blick freizugeben auf die Epoche, in der dieses Ich sich formte und in der es lebt.« *Tages-Anzeiger, Zürich*

Die Papiere des Immunen

Roman

»Der Immune ist ein überaus witziger und intelligenter Herr, ein weitgereister, gebildeter Gesprächspartner, elegant und originell – ein durchaus passabler Gefährte für ein Buch von 500 Seiten. Ein Buch voll von

schönen und abstrusen Geschichten, die einen wuchtigen Kosmos bilden; und obwohl der Immune vorgibt, seinen Wohnsitz im Kopf zu haben, sind diese Papiere alles andere als kopflastig.«
Westermann's, München

Die Fliege und die Suppe

und 33 andere Tiere in 33 anderen Situationen
Fabeln

Einst hatten die Tiere Charakter, dann erging es ihnen wie den Menschen, sie fingen an, sich zu verhalten.

»Ganz ohne missionarisches ›Du sollst‹ macht Loetscher einsichtig, was der Mensch nicht soll, aber tut. Ähnliches habe ich nie gelesen. Literatur pur. Da wird nichts angemerkt, reflektiert, verdeutlicht. Wörter und Sätze als Essenz.« *Die Zeit, Hamburg*

Der predigende Hahn

Das literarisch-moralische Nutztier

»Unter dem Titel *Der predigende Hahn* nimmt Loetscher gleichsam als Arche Noah von ›Aar‹ bis ›Zukunftsgeiß‹ jenes Getier auf, das Dichtern seit alters zu literarischem und moralischem Nutzen diente. Was nebenher beweisen soll, daß kaum einer der großen Autoren ohne Tiere hat auskommen können. Die Ausbeute reicht von Abraham a Sancta Clara bis Emile Zola, vom Gilgamesch-Epos bis zu Walt Disney. Eine schöne und anregende Idee.«
Harald Hartung/Frankfurter Allgemeine Zeitung

Saison

Roman

Er war berühmt, nur wußte dies niemand. Aber er hatte noch ein ganzes Leben vor sich. Philipp, zwischen Schulabschluß und Berufsausbildung stehend, von der Großen Bühne träumend, jobbt einen Sommer lang als Bademeister. Aus einer Zürcher Seebadeanstalt macht er mit unbekümmerter Phantasie ein buntes, spannend-überraschendes Badetheater. Philipps erste Saison wird zudem zur Saison einer zarten Liebe.

»*Saison*, das ist ein melancholisches Buch und zugleich ein moderner Entwicklungsroman mit erstaunlichem Tempo. Blendend formuliert, mehrfach ironisch gebrochen, mit schnellen Schnitten und überraschenden Wendungen.« *Österreichischer Rundfunk, Wien*

Die Augen des Mandarin

Roman

»Kann man mit blauen Augen sehen?« Die Frage eines fiktiven Mandarins stimuliert Past, den Ex-Angestellten einer obskuren Kulturstiftung, zu Erinnerungen aus seinem bewegten Leben, entführt ihn noch einmal in fast alle Erdteile und entlockt ihm pointierte Geschichten – in einem berauschenden Nebeneinander der Kontinente, Zeiten und Bilder. Bilanz eines intensiven Blicks.

»Hugo Loetscher ist ein großes, ein schönes Werk gelungen. Was an *Die Augen des Mandarin* mehr als alles andere beglückt, ist seine Kühnheit: ohne Scheu handelt es vom Sterben und greift doch mitten ins Leben hinein.«
Roman Bucheli/Neue Zürcher Zeitung

Vom Erzählen erzählen

Poetikvorlesungen
Mit Einführungen von Wolfgang Frühwald
und Gonçalo Vilas-Boas

»Vom Erzählen erzählen« – diesen Titel gab Hugo Loetscher seinen Münchner Poetikvorlesungen aus dem Jahr 1988. Die erweiterte Neuausgabe dieser Texte wird ergänzt durch »Ein Schriftsteller in und außerhalb der Schweiz«, die Antrittsvorlesung an der CUNY (City University of New York), wo Loetscher

1982 der erste Inhaber des Swiss Chair war. Zudem finden sich in dem Band auch die Poetikvorlesungen, die er im Frühjahr 1999 an der Universität Porto hielt.

»Hugo Loetscher ist ein Autor, der seit mehr als einem Vierteljahrhundert zu den vielseitigsten Gestalten der deutschsprachigen Schweizer Literatur gehört.« *Neue Zürcher Zeitung*

Der Buckel

Geschichten

Neunzehn Geschichten von einzigartiger Vielfalt, doch ein Thema zieht sich durch sie wie ein roter Faden: »Der Buckel« steht für den lädierten Menschen, den Ausgestoßenen und Benachteiligten. Geschichten von wunderbarer Präzision und abgründiger Leichtigkeit, die in Pointen von oft aphoristischer Erkenntnisschärfe gipfeln.

»Vom Glück, das keines ist, von vermeintlich guten Taten, von falschen Wahrheiten erzählt Hugo Loetscher in seiner kleinen Comédie humaine: begabt mit einem Sensorium für die Unzulänglichkeiten in den menschlichen Verhältnissen und kraft einer unsentimentalen und doch ergreifenden Sprache.«
Roman Bucheli / Neue Zürcher Zeitung

Lesen statt klettern

Aufsätze zur literarischen Schweiz

»Das Leiden an der Enge. Der Druck eines Konformismus, der sich als Demokratie ausgibt. Die Anbiederung bei Schicksalhaftem. Der Ausbruch aus der Enge. Eine Hypochondrie, die vor Leiden an Problemen die Probleme verpaßt...« Ist dies das einzig mögliche Schweizer Selbstverständnis?
»Nein, Provinz ist nicht eine Gegebenheit, sondern eine Entscheidung« – lautet die provozierende Bilanz dieses Buches.

»Siebzehn passionierte Für- und Widerreden: Porträts, postume Interviews, Montagen aus eigenen Rezensionen und Erinnerungen, am Ende ein fiktiver ›Chat‹ zwischen dem Autor und einigen seiner Zeitgenossen. Bekannte und Vergessene aus fünf Jahrhunderten kommen zu Wort und werden verteidigt im Namen der Literatur.«
Andreas Nentwich / Die Zeit, Hamburg

Es war einmal die Welt

Gedichte

Gedichte, Suchbilder, »in Grammatik gebrachte Gefühle«, melancholisch, verspielt, entrückt und von hellsichtiger Präsenz, lyrische Notate aus »Allerwelt«.

»Ein Schriftsteller von europäischem Format.«
Alain Bosquet / Le Figaro, Paris

War meine Zeit meine Zeit

Von Fluß- und Lebensläufen – Hugo Loetscher entwirft, persönlich und analytisch brillant, die Landkarte seiner Empfindsamkeit: die Summa eines großen literarischen Werks und eines unerschöpflich neugierigen Geistes, immer unterwegs zu neuen Ufern und fremden Küsten.

»*War meine Zeit meine Zeit* ist ein würdiges Vermächtnis. Es enthält in mehrfachem Sinne sein ganzes Leben. Es zeugt vom ironischen und verspielten, vom scharfen und so sinnlichen Geist, mit dem dieser Autor die Welt ansah. Vor allem stellt es ein letztes Mal Loetschers raffinierte Erzählkunst unter Beweis. Alles ist hochgradig konzentriert im Einzelnen, behende in der raschen Verknüpfung der Assoziationen, gekühlt mit hintergründiger Ironie.«
Andreas Isenschmid / Die Zeit, Hamburg

»Ein mitreißender Rückblick.«
Der Spiegel, Hamburg

Außerdem erschienen:

In alle Richtungen gehen
Reden und Aufsätze über Hugo Loetscher

Herausgegeben von Jeroen Dewulf
unter Mitarbeit von Rosmarie Zeller

Hugo Loetscher: Weltreisender, Verfasser essayistischer Prosa, Lyriker, Vollblutepiker und Citoyen – hochkarätige Beiträge illustrieren die verschiedenen Facetten von Person und Werk.

»Die Stärke von Hugo Loetscher war schon immer sein vielstimmig sich zur Geltung bringender Erfahrungsschatz. Der philosophisch, soziologisch, politisch und ökonomisch Gebildete, der in Europa, Asien und vor allem Südamerika Vielgereiste, der Kritiker und Publizist hat als Erzähler fast nie ungebrochen fabuliert, sondern ist darin seinem großen älteren Freund Friedrich Dürrenmatt ähnlich, der die multiperspektivische Erzählweise in seinem Spätwerk zur Meisterschaft brachte. Andererseits gewinnen Loetschers große essayistische Texte dadurch, daß sie sich nicht in Abstraktionen verlieren, sondern selbst abstrakte Themen und Stoffe in Erzählung verwandeln.«
Heinz Ludwig Arnold /
Frankfurter Allgemeine Zeitung

»Ein unermüdlicher Analytiker der politischen Verhältnisse ist dieser Selbstdenker, der schweizerischen wie der weltweiten. Hugo Loetscher hat eine ganze Ära des schweizerischen Intellektuellenlebens mitgeprägt.« *Pia Reinacher / Tages-Anzeiger, Zürich*

Friedrich Dürrenmatt im Diogenes Verlag

● Das dramatische Werk

Es steht geschrieben/ Der Blinde
Frühe Stücke. Mit der ersten Komödie ›Untergang und neues Leben‹, einem Fragment aus dem verschollenen Stück ›Thogarma‹ und ›Der Doppelgänger‹ im Anhang

Romulus der Große
Eine ungeschichtliche historische Komödie in vier Akten. Neufassung 1980. Mit der unvollendeten Komödie ›Kaiser und Eunuch‹

Die Ehe des Herrn Mississippi
Eine Komödie in zwei Teilen (Neufassung 1980) und ein Drehbuch

Ein Engel kommt nach Babylon
Eine fragmentarische Komödie in drei Akten. Neufassung 1980. Mit Fragmenten aus ›Der Turmbau zu Babel‹ und ›Der Uhrenmacher‹

Der Besuch der alten Dame
Eine tragische Komödie. Neufassung 1980

Frank der Fünfte
Komödie einer Privatbank. Mit Musik von Paul Burkhard. Neufassung 1980

Die Physiker
Eine Komödie in zwei Akten. Neufassung 1980

Herkules und der Stall des Augias/Der Prozeß um des Esels Schatten
Griechische Stücke. Zwei Hörspiele und eine Komödie, letztere in der Neufassung 1980

Der Meteor/ Dichterdämmerung
Zwei Nobelpreisträgerstücke. ›Der Meteor‹ in der Wiener Fassung 1978, ›Dichterdämmerung‹ ist die 1980 dramatisierte Form von ›Abendstunde im Spätherbst‹

Die Wiedertäufer
Eine Komödie in zwei Teilen. Urfassung 1967 (Komödienfassung des ersten Dramas ›Es steht geschrieben‹)

König Johann/ Titus Andronicus
Shakespeare-Umarbeitungen

Play Strindberg/Porträt eines Planeten
Übungsstücke für Schauspieler

Urfaust/Woyzeck
Zwei Bearbeitungen

Der Mitmacher
Ein Komplex. Text der Komödie (Neufassung 1980), Dramaturgie, Erfahrungen, Berichte, Erzählungen

Die Frist
Eine Komödie. Neufassung 1980

Die Panne
Hörspiel und Komödie

Nächtliches Gespräch mit einem verachteten Menschen/ Stranitzky und der Nationalheld/Das Unternehmen der Wega
Hörspiele und Kabarett

Achterloo
Komödie. Mit einem Nachwort des Autors

F. Dürrenmatt & Charlotte Kerr
Rollenspiele
Protokoll einer fiktiven Inszenierung und ›Achterloo III‹. Mit 28 Zeichnungen von Friedrich Dürrenmatt

Midas
oder Die schwarze Leinwand

● Das Prosawerk

Aus den Papieren eines Wärters
Frühe Prosa

Der Richter und sein Henker
Kriminalroman. Studienausgabe mit zahlreichen Fotos aus dem Film und einem Anhang

Der Verdacht
Kriminalroman. Mit einer biographischen Skizze des Autors

Der Hund/Der Tunnel/Die Panne
Erzählungen

Die Panne
Eine noch mögliche Geschichte

Grieche sucht Griechin/Mr. X macht Ferien/Nachrichten über den Stand des Zeitungswesens in der Steinzeit
Grotesken

Das Versprechen/Aufenthalt in einer kleinen Stadt
Erzählungen

Das Versprechen
Requiem auf den Kriminalroman

Theater
Essays und Reden

Kritik
Kritiken und Zeichnungen

Literatur und Kunst
Essays, Gedichte und Reden

Philosophie und Naturwissenschaft
Essays, Gedichte und Reden

Politik
Essays, Gedichte und Reden

Der Sturz
Erzählungen: ›Der Sturz‹ / ›Abu Chanifa und Anan Ben David‹ / ›Smithy‹ / ›Das Sterben der Pythia‹

Zusammenhänge
›Essay über Israel‹ /
Nachgedanken
unter anderem über Freiheit, Gleichheit und Brüderlichkeit in Judentum, Christentum, Islam und Marxismus und über zwei alte Mythen

Labyrinth
Stoffe I–III: ›Der Winterkrieg in Tibet‹/ ›Mondfinsternis‹/›Der Rebell‹. Vom Autor revidierte Neuausgabe

Minotaurus
Eine Ballade. Mit Zeichnungen des Autors

Justiz
Roman

Der Auftrag
oder Vom Beobachten des Beobachters der Beobachter. Novelle in vierundzwanzig Sätzen

Versuche
Essays und Reden

Denkanstöße
Ausgewählt und zusammengestellt von Daniel Keel. Mit sieben Zeichnungen des Dichters

Durcheinandertal
Roman

Turmbau
Stoffe IV–IX: ›Begegnungen‹ / ›Querfahrt‹ / ›Die Brücke‹ / ›Das Haus‹ / ›Vinter‹ / ›Das Hirn‹

Gedankenfuge

Das Mögliche ist ungeheuer
Ausgewählte Gedichte. Mit einem Nachwort von Peter Rüedi

Der Pensionierte
Fragment eines Kriminalromans. Text der Fassung letzter Hand. Faksimile des Manuskripts. Faksimile des Typoskripts mit handschriftlichen Änderungen. Mit einem Nachwort von Peter Rüedi und einem editorischen Bericht

Die Schweiz – ein Gefängnis
Rede auf Václav Havel. Mit einem Gespräch des Autors mit Michael Haller sowie einer Rede von Bundesrat Adolf Ogi

Der Pensionierte
Fragment eines Kriminalromans. Mit einem möglichen Schluß von Urs Widmer und einem Nachwort von Peter Rüedi

Der Gedankenschlosser
Über Gott und die Welt. Ausgewählt und zusammengestellt von Daniel Keel und Anna von Planta

Das Dürrenmatt Lesebuch
Herausgegeben von Daniel Keel. Mit einem Nachwort von Heinz Ludwig Arnold

Meistererzählungen
Mit einem Nachwort von Reinhardt Stumm

● Das zeichnerische Werk

Die Heimat im Plakat
Ein Buch für Schweizer Kinder

Die Mansarde
Die Wandbilder aus der Berner Laubeggstraße. 24 Abbildungen mit Texten von Friedrich Dürrenmatt. Mit einem Essay von Ludmila Vachtova

● Gespräche

Gespräche 1961 – 1990
4 Bände in Kassette. Band 1: Der Klassiker auf der Bühne 1961–1970. Band 2: Die Entdeckung des Erzählens 1971–1980. Band 3: Im Bann der ›Stoffe‹ 1981–1987. Band 4: Dramaturgie des Denkens 1988–1990. Herausgegeben von Heinz Ludwig Arnold. In Zusammenarbeit mit Anna von Planta und Jan Strümpel

● Über Dürrenmatt

Elisabeth Brock-Sulzer
Friedrich Dürrenmatt
Stationen seines Werkes. Mit Fotos, Zeichnungen, Faksimiles

Über Friedrich Dürrenmatt
Essays, Zeugnisse und Rezensionen von Gottfried Benn bis Saul Bellow. Mit Chronik und Bibliographie. Herausgegeben von Daniel Keel. Verbesserte und erweiterte Ausgabe

Herkules und Atlas
Lobreden und andere Versuche über Friedrich Dürrenmatt. Herausgegeben von Daniel Keel

Friedrich Dürrenmatt
Schriftsteller und Maler
Ein Bilder- und Lesebuch zu den Ausstellungen im Schweizerischen Literaturarchiv Bern und im Kunsthaus Zürich

play Dürrenmatt
Ein Lese- und Bilderbuch. Mit Texten von Friedrich Dürrenmatt, Hugo Loetscher, Peter Rüedi, Guido Bachmann u.a. sowie Handschriften, Zeichnungen und Fotos

Urs Widmer im Diogenes Verlag

»Urs Widmer zählt zu den bekanntesten und renommiertesten deutschsprachigen Gegenwartsautoren.«
Michael Bauer / Focus, München

Vom Fenster meines Hauses aus
Prosa

Schweizer Geschichten

Liebesnacht
Eine Erzählung

Die gestohlene Schöpfung
Ein Märchen

Der Kongreß der Paläolepidopterologen
Roman

Das Paradies des Vergessens
Erzählung

Der blaue Siphon
Erzählung

Liebesbrief für Mary
Erzählung

Die sechste Puppe im Bauch der fünften Puppe im Bauch der vierten
und andere Überlegungen zur Literatur. Grazer Vorlesungen 1991

Im Kongo
Roman

Vor uns die Sintflut
Geschichten

Der Geliebte der Mutter
Roman
Auch als Diogenes Hörbuch erschienen, gelesen von Urs Widmer

Das Geld, die Arbeit, die Angst, das Glück.

Das Buch des Vaters
Roman
Auch als Diogenes Hörbuch erschienen, gelesen von Urs Widmer

Ein Leben als Zwerg

Vom Leben, vom Tod und vom Übrigen auch dies und das
Frankfurter Poetikvorlesungen

Herr Adamson
Roman

Außerdem erschienen:

Shakespeares Königsdramen
Nacherzählt und mit einem Vorwort von Urs Widmer. Mit Zeichnungen von Paul Flora

Valentin Lustigs Pilgerreise
Bericht eines Spaziergangs durch 33 seiner Gemälde. Mit Briefen des Malers an den Verfasser

Das Schreiben ist das Ziel, nicht das Buch
Urs Widmer zum 70. Geburtstag. Herausgegeben von Daniel Keel und Winfried Stephan